Bernhard Moestl

Shaolin

Knaur

Bernhard Moestl

Shaolin

Du musst nicht kämpfen, um zu siegen

Mit der Kraft des Denkens zu Ruhe, Klarheit und innerer Stärke

www.knaur-ratgeber.de

Inhalt

Liebe Leserinnen und Leser,

Im Herzen Chinas, unweit der Provinzhauptstadt Zheng Zhou, liegt das Dorf Shaolin. Ein kleiner Ort, der es an Bekanntheit mit den ganz großen Städten dieser Welt ohne Zweifel aufnehmen kann.
Denn seit der indische Mönch Boddhidharma hier vor mehr als 1500 Jahren ein buddhistisches Kloster gegründet hat, ranken sich Mythen um diesen Tempel und seine Bewohner. Man kennt sie als die unbesiegbaren Meister des waffenlosen Nahkampfes, und mancher meint sogar, die Mönche hätten übermenschliche Fähigkeiten. Denn fast fünfzehn Jahrhunderte entwickelten und perfektionierten die Mönche die Kunst des Shaolin Kung-Fu.

Wenn Sie nun aber glauben, die Lehre von Shaolin sei vorwiegend eine Lehre vom Kampf, dann irren Sie sich. Wer das Kloster als Meister verlässt, hat diese Idee schon lange hinter sich gelassen. Er hat gelernt, seinen Körper zu fühlen, zu achten und zu nutzen.
Er hat verinnerlicht, dass es das Denken ist, das dem Körper die Energie gibt oder sie ihm aber verwehrt. Und er hat gelernt, dass er mit diesem Denken sich selbst und seine Umgebung kontrollieren kann und dass nur dieses Denken ihn unbesiegbar macht. Denn schon der kleinste Ärger kostet unnötig Energie, die man woanders viel gewinnbringender einsetzen kann.

Bernhard Moestl hat es sich mit diesem Buch zur Aufgabe gemacht, diese Denkweise der Shaolin-Mönche auch Ihnen verständlich zu machen. Er erklärt anhand von 12 Lebensprinzipien, wie Sie letztendlich den Kampf vermeiden und trotzdem siegen können. Und wie Sie es schaffen, mit der Hektik, dem Stress und den gestellten Anforderungen im Beruf und auch privat besser umzugehen. Ihr Leben wird voller Energie und Kraft sein.

Sie müssen dabei weder Mönch sein, noch in einem Kloster leben, um diese Prinzipien erfolgreich anwenden zu können. Diese einfachen Regeln können Sie überall, egal wo Sie sind, umsetzen. Sie müssen nur bereit sein, sich mit sich selbst, Ihren Fähigkeiten und dem eigenen Denken auseinanderzusetzen und dies, wo nötig, auch zu verändern.

Die Änderung der Gedanken erfolgt nicht schlagartig. Jede Veränderung braucht ihre Zeit. Erwarten Sie keine Wunder von sich selbst, geben Sie aber auch nicht gleich auf.

Folgen Sie den Mönchen des Shaolin, und finden Sie Ihren ganz persönlichen Weg zu Ruhe, Klarheit und innerer Stärke.

Ihr Gerhard Conzelmann
Präsident International Shaolin Institute e. V.

Wenn du die Absicht hast,
dich zu erneuern,
tu es jeden Tag.

(Konfuzius)

Einleitung

»Die Kunst des Krieges lehrt uns, nicht darauf zu hoffen, dass der Feind nicht kommt, sondern darauf zu bauen, dass wir bereit sind, ihn zu empfangen; nicht auf die Möglichkeit, dass er nicht angreift, sondern auf die Tatsache, dass wir unsere Stellung uneinnehmbar gemacht haben.« (Sunzi, Die Kunst des Krieges)

Wie dieses Buch funktioniert und Sie daraus den größten Nutzen ziehen

Zuallererst einmal: herzlich willkommen. Schön, dass Sie da sind. Schön auch, dass Sie sich verändern möchten. Ich weiß ja nicht, wie das bei Ihnen ist, aber für mich verbirgt sich seit jeher hinter dem Namen Shaolin ein Traum. Seit über 1500 Jahren ist dieses Kloster untrennbar verbunden mit der Kunst des waffenlosen Nahkampfes, mit dem Mythos der Unbesiegbarkeit.

Als Kind war es ebendiese legendäre Kampfkunst, die ich unbedingt beherrschen wollte. Einfach zu wissen, dass man vor niemandem mehr Angst haben muss. Später war es dann das erstaunliche Wissen dieser Menschen, das mich in ihren Bann gezogen hat. Manche Aussprüche der alten Meister haben mich seither durch mein Leben begleitet. In vielen Gesprächen mit den Mönchen habe ich schließlich verstanden, dass man lernen muss, so gut zu kämpfen, dass man irgendwann nicht mehr zu kämpfen braucht. Dann ist der Zeitpunkt gekommen, sich dem größten Gegner zu stellen: sich selbst.

Veränderung braucht Zeit

Diese Buch ist in zwölf eigenständige Kapitel unterteilt. Jedes ist in sich abgeschlossen und kann als Einheit einzeln durchgearbeitet werden. Da die Themen aufeinander aufbauen, sollten Sie aber möglichst die Reihenfolge einhalten. Trotz allem möchten die »Shaolin-Prinzipien« kein Lese-, sondern ein Arbeitsbuch sein. Wie man nicht von einem Tag auf den anderen Kung-Fu lernen kann, ist es auch nicht möglich, sich innerhalb weniger Tage wirklich zu verändern. Die zwölf Prinzipien müssen Ihnen in Fleisch und Blut übergehen wie einem Kämpfer seine Technik.
Wenn Sie etwas nicht verstehen, gehen Sie nicht einfach darüber hinweg, sondern lesen Sie es noch mal.

Damit Sie aus dem Buch den maximalen Nutzen ziehen können, brauchen Sie außerdem noch ein leeres Notizbuch. Kaufen Sie bitte ein besonders schönes, vielleicht mit einem dekorativen Einband, und schreiben Sie groß Ihren Namen darauf.
Dieses Heft wird Ihr ganz persönlicher Begleiter sein und am Ende sehr viel von Ihnen wissen. Es sind Ihre Notizen und sollten es auch bleiben. Innerhalb des Textes und am Ende jedes Kapitels finden Sie immer wieder Übungen und Fragen. Die Antworten darauf schreiben Sie bitte in Ihr Heft. Tun Sie das am besten nicht irgendwann, sondern genau an jenen Stellen, wo ich Sie dazu auffordere. Oft brauchen wir die Ergebnisse im weiteren Verlauf. Ganz wichtig ist, dass Sie bei der Beantwortung der

Fragen wirklich ehrlich sind. Schreiben Sie die Dinge so auf, wie sie wirklich sind. Niemand außer Ihnen wird Ihre Antworten erfahren.

Der türkische General Mustafa Kemal Atatürk hat einmal gesagt: »Bei der Beurteilung einer Lage und bei der Erwägung von Maßnahmen darf man auch nicht einen Augenblick darauf verzichten, die Wahrheit zu sehen, selbst wenn sie bitter ist.« Also schreiben Sie auf, was Sie tatsächlich meinen, denken oder empfinden, auch wenn Ihnen das im Augenblick nicht passt. Nur belügen Sie sich nicht. Wenn Sie das Buch später wieder einmal durcharbeiten, werden Sie sehen, dass sich Ihre Antworten ändern. Was Sie hier nicht finden, sind Auflösungen der Art »Wenn Sie die Frage so beantwortet haben, sollten Sie dieses und jenes tun«. Auch ich werde Ihre Antworten nicht beurteilen.
Sie dürfen von diesem Buch viele Einsichten auch über Ihr eigenes Verhalten erwarten, aber keine Regeln. Die Veränderungen müssen von Ihnen selbst kommen.

»Die große Herausforderung des Lebens«, hat Paul Gauguin einmal gesagt, »liegt letztlich darin, die Grenzen in dir selbst zu überwinden und so weit zu gehen, wie du dir niemals hättest träumen lassen.«

Verstehen Sie dieses Buch als eine Reise zu Ihrem Selbst, Ihren Freunden und Feinden, Ihren Möglichkeiten, Ihren Grenzen und weit darüber hinaus. Gerne möchte ich Sie genau dorthin begleiten.
Lassen Sie uns gehen.

Teil 1

Lerne zu stehen

Bevor du lernen kannst,
andere zu besiegen,
musst du erst einmal lernen,
gut zu stehen.

(aus China)

Warte niemals,
bis du Zeit hast.

(aus China)

1. Das Prinzip der Gegenwart

Laufe nicht der Vergangenheit nach,
und verliere dich nicht in der Zukunft.
Die Vergangenheit ist nicht mehr.
Die Zukunft ist noch nicht gekommen.
Das Leben ist hier und jetzt. (Buddha)

Lerne, im Hier und Jetzt zu leben, und werde dir der Vergänglichkeit bewusst

»Wenn ich endlich in Rente bin, werde ich das alles nachholen. Sind ja nur noch zwölf Jahre. Bis dahin muss ich das halt noch durchhalten.« Kommt Ihnen dieser Satz nicht irgendwie bekannt vor? Die Idee, dass das Leben in diesem Augenblick zwar noch nicht optimal ist, aber in absehbarer Zeit doch noch besser werden wird? Sie leben unter der Woche für das Wochenende und am Wochenende in der Angst vor der Arbeitswoche? Und in all den Wochen des Jahres für den Urlaub oder gar für die Rente, in der Sie dann endlich alles nachholen wollen, was Sie bis dahin zu versäumen glauben?

Mal ganz ehrlich: Wie oft haben Sie Dinge, die Sie unbedingt tun wollten, auf später verschoben? Aus Rücksicht auf andere, weil der Moment unpassend gewesen wäre oder weil … ja, warum eigentlich? Und wie oft haben Sie das, das Ihnen einst so wichtig schien, dann später auch wirklich getan? »Selten«, höre ich Sie da sagen. »In Wirklichkeit viel zu selten.« Und wie oft haben Sie zu sich selbst gesagt: »Schön ist es da, wo ich jetzt gerade bin; gut, dass ich genau das tue, was ich gerade tue; schön, dass es dieses mein Leben gibt. Egal was gestern gewesen ist, egal was der nächste Tag, die nächste Stunde, die nächste Minute vielleicht bringen wird, es ist einfach gut, dass es genau diesen Moment gibt. Dass ich ihn erleben darf.« Höre ich Sie gerade wieder »selten« sagen? »In Wirklichkeit viel zu selten«?

Das Leben steckt im Augenblick

Hier beginnt nun das Shaolin-Prinzip der Gegenwart. Es fängt hier und jetzt an, in genau dieser Sekunde, an genau dem Ort, an dem Sie sich jetzt gerade befinden.
Das Shaolin-Prinzip lehrt uns, den Augenblick anzunehmen. Alles, was mit ihm zusammenhängt, zu akzeptieren. Anzunehmen, was ihn hat entstehen lassen, anzunehmen, was aus ihm entstehen wird. Den Moment zu akzeptieren, ohne ihn zu beurteilen. Ihn nicht mit der Vergangenheit und auch nicht mit der Zukunft zu vergleichen. Nach dem Shaolin-Prinzip leben bedeutet, in diesem Augenblick zu leben, diesen speziellen Moment als einen wunderbaren, kostbaren, vergänglichen Teil des Lebens zu betrachten.
In einer der wichtigsten Schriften des Judentums, dem Talmud, heißt es: »Auch eine gelebte Stunde ist Leben.« Was fraglos richtig ist. Die Mönche des Shaolin-Klosters gehen hier aber noch einen Schritt weiter. »Nicht nur jede gelebte Stunde, jeder gelebte Augenblick ist Leben«, heißt es dort. Leben im Hier und Jetzt bedeutet, den Moment einzufangen, ihn dankbar anzunehmen, um ihn sofort darauf wieder herzugeben. Sich darüber klar zu werden, dass kein

einziger Moment unseres Lebens, ob wir ihn schätzen oder achtlos vorüberziehen lassen, jemals wiederkommen wird.

Leben im Hier und Jetzt bedeutet, sich des Augenblicks und dessen Vergänglichkeit bewusst zu werden.

Es bedeutet, zu verstehen, dass wir jedem Augenblick, ob er uns gerade glücklich macht oder traurig, zufrieden oder begierig, fröhlich oder zornig, jene Achtung zukommen lassen müssen, die ihm gebührt: die Achtung als ein Teil unseres Lebens.

Der Weise und der Tiger

Jeder Novize des Klosters kennt die Geschichte eines weisen Mannes, der eines Tages auf einem Hochplateau spazieren geht. Plötzlich hört er in einiger Entfernung hinter sich einen fauchenden Tiger, der offensichtlich auf ihn zukommt. Um dem Tier zu entkommen, läuft er, so schnell er kann, rennt aber geradewegs auf einen Abgrund zu. Der Tiger kommt immer näher. In seiner Not drückt sich der Mann an den äußersten Rand und kommt dabei ins Rutschen. Im letzten Moment kann er sich noch an einer Wurzel festhalten. Doch über ihm der Tiger, unter ihm der Abgrund, es gibt kein Entkommen. Alle Fluchtwege sind versperrt. Da erblickt der Mann direkt vor seinen Augen eine wilde Erdbeere. Er pflückt sie, nimmt sie in den Mund und murmelt: »Wie köstlich, diese Erdbeere!« Das nenne ich im Augenblick leben! Auf den ersten Blick erscheint den meisten von uns das Verhalten des Mannes wohl befremdlich. Hat er in dieser Situation nichts Besseres zu tun, als über köstliche Erdbeeren nachzudenken? Sollte er sich nicht besser überlegen, welchen Lauf sein Schicksal in den nächsten Augenblicken nehmen wird? Sollte er das wirklich überlegen? Was würde es an diesem Moment ändern? Selbst wenn der Mann im nächsten Moment vom Tiger verschlungen wird oder in den Abgrund stürzt, warum soll er sein Leben nicht bis zum letzten Augenblick genießen? Warum sich nicht noch über die Erdbeere freuen?

Wenn wir den Moment annehmen wollen, ohne ihn zu beurteilen, dann dürfen wir ihn auch nicht verurteilen.

Kein Moment ist gut oder schlecht, er *ist* einfach. Denn auch wenn die Lage des Mannes nicht die beste zu sein scheint, kann aus jedem Augenblick ein anderer entstehen, der nichts mit unserer Erwartung zu tun hat. Weil wir den Ausgang der Geschichte nicht kennen, dürfen wir ihn selbst erzählen: Der Tiger verliert das Interesse an dem Mann und zieht ab. Wäre doch eine Variante, oder? Natürlich genauso eine wie die Möglichkeit, dass der Tiger den Mann verschlingt, aber eben eine Variante.
Nicht aber hätte dann die Erdbeere dem Mann das Leben gerettet und auch nicht sein Interesse an ihr. Nichts hat ihm das Leben gerettet. Der darauffolgende Moment hat nur unsere Erwartungen nicht erfüllt. Selbst wenn er sie aber erfüllt hätte wie in der anderen Variante, hätte ihn das deshalb besser oder schlechter gemacht? Kaum. Er war einfach da. Und der weise Mann hat ihn akzeptiert, wie er war.

EIN AUSFLUG INS HIER UND JETZT

Beim Lesen sind wieder viele Moment vergangen, ohne dass es Ihnen wohl aufgefallen wäre. Zeit also, sich den Moment bewusst zu machen, ihn im Wortsinn zu erleben. Sind Sie bereit dazu? Gut. Jetzt lesen Sie bitte zuerst den folgenden Absatz zu Ende und legen dann das Buch beiseite, um den Augenblick zu erleben. Nein, nicht irgendwann, wenn dazu Zeit sein wird. Hier und jetzt.
Wenn wir den Moment bewusst erleben wollen, müssen wir ihn definieren. Wir könnten das mit dem Zeitabschnitt einer Sekunde tun, aber sie definiert nur Zeit, jedoch nicht Leben.
Wie wäre es mit einem Atemzug? Unterbrechen Sie bitte kurz, und achten Sie auf Ihren Atem. Das ist am Anfang gar nicht so einfach. Nehmen Sie Ihre Hand zu Hilfe, und legen Sie sie auf den Bauch.

- Atmen Sie ganz bewusst, fühlen Sie, wie sich Ihre Lunge, die Brust, der Bauch und Ihr Unterleib mit Sauerstoff füllen.
- Verharren Sie kurz, und lassen Sie den Atem wieder entweichen.
- Spüren Sie das Heben und Senken Ihrer Hand? Den Rhythmus Ihres Lebens?
- Nehmen Sie jetzt die Hand weg und fühlen in sich hinein. Ist der Atem noch da? Fühlen Sie die Quelle Ihres Lebens? Falls nicht, nehmen Sie nochmals die Hand zu Hilfe. Spüren Sie es?

Lassen Sie uns jetzt die Zeit zwischen zwei Atemzügen als diesen einen Augenblick definieren, den wir wahrnehmen wollen. Immer und immer wieder. Fühlen Sie Ihren Atem. Fühlen Sie die Momente, fühlen Sie, wie sie kommen und wie sie wieder gehen. Spüren Sie Ihr Leben? Das Hier und Jetzt? Bevor Sie weiterlesen, schenken Sie sich zwanzig Momente Aufmerksamkeit.

Zwanzig Augenblicke Ihres Lebens haben Sie jetzt bewusst erlebt, sie kommen und gehen gefühlt. Aber, haben Sie wirklich nur das Hier und Jetzt erlebt? Waren Ihre Gedanken bei Ihrem Atem und Ihrem Gefühl für den vorbeiziehenden Moment? Waren sie dort, wo Sie selbst auch waren? Oder haben Sie so ganz nebenbei daran gedacht, was eigentlich noch alles zu erledigen wäre, was Sie am Abend essen werden und dass Sie einer Freundin schon lange einen Anruf schuldig sind?

Im Augenblick zu leben bedeutet, sich ganz auf diesen zu konzentrieren. Alles aus ihm herauszuholen, aber auch, ihm alles zu geben.

So trat einmal ein Schüler aus dem Shaolin-Kloster an seinen Lehrer heran und fragte: »Meister, wie übst du, im Augenblick zu leben, in deinem täglichen Leben?«
Der Meister antwortete: »Wenn ich hungrig bin, esse ich. Wenn ich satt bin, spüle ich meine Essschale. Wenn ich müde bin, schlafe ich.«
Der Schüler erwiderte: »Das tut jeder. Übt also jeder, im Augenblick zu leben, wie du?«
Der Meister erklärte: »Nein, nicht in gleicher Weise.«
Der Schüler fragte: »Warum nicht in gleicher Weise?«
Der Meister lächelte: »Wenn andere essen, wagen sie nicht, zu essen. Ihr Denken ist angefüllt mit unendlich vielen Überlegungen. Darum sage ich: nicht in gleicher Weise.«
Wie war es gerade bei Ihnen? Haben Sie Ihre zwanzig Augenblicke erlebt wie jeder oder in der Weise des Meisters? Haben Sie sie erlebt oder verschwendet, weil Sie überall anders waren als bei sich selbst?

Ein schönes Beispiel für Lebewesen, die nach dem Shaolin-Prinzip leben, sind Vögel. Wahrscheinlich leben alle Tiere nach diesem Prinzip, aber bei diesen können wir es am besten sehen. Vögel leben immer im Augenblick. Sie singen, weil der Frühling, der Sommer, der Herbst oder der Winter kommt. Weil es ihnen gut geht. Und weil sie im Moment leben. Und wenn sie singen, dann singen sie. Sie fressen dann nicht, füttern nicht und schlafen nicht. Das tun sie, wenn sie fressen, füttern oder schlafen. Vögel leben jeden einzelnen Moment. Und wenn man sie singen hört, fühlt man, dass sie wissen, was jeden Augenblick so unendlich kostbar macht: seine Einzigartigkeit.

Jeder Moment ist einzigartig

Jeder einzelne Moment kommt, geht und kommt nie wieder. Es mögen ähnliche Momente kommen, bessere oder schlechtere, lustigere oder traurigere, aber dieser eine, der gerade vergangen ist, kommt nie mehr wieder. Wenn wir also über den Wert der Gegenwart nachdenken, müssen wir wissen, dass ihre unglaubliche Besonderheit darin liegt, dass sie alles einzigartig macht. Selbst wenn Sie die gleichen Worte in dem gleichen Buch noch einmal in der gleichen Art lesen, wie Sie es gerade getan haben, wird es nicht mehr dasselbe sein, weil die Zeit eine andere ist. Egal was wir noch einmal tun, es wird vielleicht das Gleiche, aber nie wieder dasselbe sein.

So ist es denn auch nicht weiter verwunderlich, dass Menschen immer schon versucht haben, den unwiederbringlichen Augenblick festzuhalten. Eine Untersuchung, was Menschen, die aus einem brennenden Haus flüchten müssen, alles mitnehmen, brachte ein auf den ersten Blick erstaunliches Ergebnis: Gleich nach den Dokumenten hatten die Menschen ihre Fotos in Sicherheit gebracht. Erst danach folgten die anderen privaten Sachen.

Worin, so fragt man sich, liegt der so große Wert einer Fotografie? In ihrer offensichtlichen Unwiederbringlichkeit. In der Tatsache, dass man zwar Gebrauchsgüter wieder beschaffen, ein Bild wieder malen, aber ein Foto, das immer eine Momentaufnahme darstellt, nie wieder genauso machen kann. Selbst zwei Aufnahmen, im Abstand einer halben Sekunde entstanden, zeigen nicht den gleichen Moment. Nichts dokumentiert die Vergänglichkeit des Augenblicks so stark wie ein Foto.

Und so scheint es schon immer das Ziel der westlichen Gesellschaft gewesen zu sein, glückliche Momente nicht zu vermehren, sondern sie in Träumen zu konservieren. Ob anfangs auf Zeichnungen und Malereien oder später auf Fotografien, immer war es die Erinnerung an diesen einen glücklichen Augenblick, der für die Ewigkeit festgehalten werden sollte. Doch das Shaolin-Prinzip der Gegenwart lehrt uns, dass wir den Moment mit nichts festhalten können. Es ist unsere Verantwortung, ihn zu leben.

»Vielleicht«, hat der französische Philosoph Jean-Paul Sartre einmal gesagt, »gibt es bessere Zeiten. Aber diese ist die unsere.«

Trotzdem hören und lesen wir, egal wann und egal von wem, immer nur von diesen »besseren Zeiten«. Vielleicht waren sie härter, vielleicht waren sie schwerer, vielleicht entbehrungsreicher, aber sie waren angeblich immer besser. Andere Zeiten. Eine Idee, die dem Shaolin-Prinzip fremd ist. »Tag für Tag ein guter Tag« heißt es da. Was nicht nach unserer westlichen Denkweise verstanden werden möchte. Ein Tag ist nicht deshalb gut, weil wir ihn als gut beurteilen. Wie er auch nicht schlecht ist, nur weil wir ihn so empfinden. Dieser Satz ist nicht einmal eine Aufforderung, in jedem Tag etwas Gutes zu finden.

Ein Tag, eine Stunde, ja ein Moment sind für sich gesehen weder gut noch schlecht. Sie sind einfach da. »Tag für Tag ein Tag« wäre da vielleicht die für uns leichter verständliche Aussage. Denn »gut« ist im Zusammenhang mit dem Shaolin-Prinzip, das uns lehren möchte, den Augenblick nicht zu beurteilen, nicht das Gegenteil von »schlecht«.

Der Tag, die Stunde, der Moment sind gut, einfach weil sie da sind. Und weil es keine Alternative gibt.

Das Leben ist hier und jetzt, ob es uns passt oder nicht. Denn wenn irgendwann irgendetwas anders gewesen wäre, wären wir nicht dort, wo wir jetzt gerade sind. Sie nicht und ich nicht. Und es ist eben nicht anders gewesen. Es ist daher völlig sinnlos, über andere Möglichkeiten – ob gut oder schlecht – nachzudenken.

Selbst wenn man in der Früh aufwacht und krank, arbeitslos, alleine oder vermeintlich zu dick ist, ist es jetzt so, und das Leben geht trotzdem weiter. Der Zeit und dem Tag ist es völlig egal, wie Sie sich zufällig fühlen. Die Sonne geht ihre Bahn unverändert. Die Momente des Lebens kommen und gehen. Und mit jeder Überlegung, warum der aktuelle Moment gerade kein guter ist, geht er für immer verloren. Wichtig ist nicht, was im einzelnen Augenblick passiert, sondern was Sie ganz persönlich aus ihm machen.

Leben Sie nicht in der Warteschleife

Als ich vorher versucht habe, den Zeitabschnitt eines Augenblickes fühlbar zu machen, da hatte ich zuerst den Zeitraum einer Sekunde vorgeschlagen. Es ist eine zutiefst menschliche Eigenschaft, alles erfassen, alles einteilen, alles unter Kontrolle bringen zu wollen. Durch ihre Einteilung in Sekunden, Stunden, Tage und Monate versuchen wir der Zeit habhaft zu werden. Alles, was in unserem Leben Wichtigkeit hat, hat einen Zeitpunkt. Weihnachten, der Beginn des Urlaubs, die Pension, der Liefertermin des langersehnten neuen Computers, das Bewerbungsgespräch, das Abnehmen. Und alles, was keinen Zeitpunkt hat, wird den übrigen Dingen untergeordnet.

Wenn wir auf dem Weg zu einer Verabredung zufällig jemanden treffen, mit dem wir schon seit einer Ewigkeit unbedingt reden müssen, aber keine Verabredung haben, dann bekommt dieser Jemand dafür trotzdem einen anderen Zeitpunkt. Mit dem Rauchen hören wir auf, wenn Silvester vorbei ist. Mit dem neuen Programm beschäftigen wir uns, wenn endlich der neue Computer geliefert ist. Was ja in ein paar Tagen sein sollte. Und im Urlaub werden wir dann endlich wieder einmal das Leben genießen. Noch eine Woche. Noch sieben Mal aufstehen und noch fünf Mal ins Büro gehen. Wenn es nur schon endlich so weit wäre! Aber in zwei Stunden ist auch dieser Arbeitstag vorbei. Dann ist es wieder einer weniger. Auch ein Tag Ihres Lebens, nebenbei bemerkt. Sehe ich Sie wieder einmal nicken? Höre ich Sie sagen, das ist doch in Ordnung so, man muss sich ja auf etwas freuen? Natürlich muss man das und soll es auch.

Aber was ist mit der Zeit zwischen den Höhepunkten im

Leben? Mit der Zeit zwischen den Urlauben? Mit jener Zeit, die Sie im Sinne des Wortes damit totschlagen, zu warten, dass die Zeit vergeht? Mit der »Noch hundertsieben Mal ins Büro gehen bis zum nächsten Urlaub«-Zeit? Haben Sie sich eigentlich schon einmal überlegt, wie viele Momente Ihres Lebens Sie achtlos haben verstreichen lassen, weil Sie auf etwas gewartet haben? Und was gewesen wäre, wenn der Urlaub, für dessen Vorfreude Sie so viel Zeit geopfert haben, in letzter Minute plötzlich hätte abgesagt werden müssen? So viele verlorene Momente. Und dabei hätte jeder von ihnen der schönste in Ihrem Leben sein können. Auch wenn wir etwas tun müssen, das uns gerade nicht wirklich Spaß oder Freude macht, ist die Versuchung groß, das Jetzt zu missachten.

Im Hier und Jetzt leben bedeutet, die Dinge an dem Zeitpunkt zu nehmen, an dem sie sind. Und von jedem Augenblick das anzunehmen, was er uns jetzt gerade zu bieten hat.

Das Prinzip der Gegenwart lehrt uns, jeden Moment zu leben. Alles dann zu tun, wenn wir es tun wollen, wenn wir es für nötig erachten. Oder bewusst darauf zu verzichten. Jetzt oder gar nicht.

Irgendwann nämlich gibt es kein Später mehr. Ich erinnere mich an eine Situation, als ich zu einem Freund gesagt habe, wir sollten unbedingt einen gemeinsamen lieben Kollegen wieder einmal kontaktieren. Es war später Abend, und ich wollte den Anruf für den nächsten Tag vormerken. »Wir werden es jetzt tun«, war die Antwort, »jetzt gleich.« Dass dieser Kollege wenige Tage darauf in der Früh nicht mehr aufgewacht ist, mag ins Klischee dieser Geschichte passen, ist aber traurige Tatsache. Und ein Beweis dafür, dass es manchmal kein Später gibt.

Menschen, die ihr Leben in Abschnitte teilen, gehen davon aus, das große Ganze zu kennen. Bis hierher lernen, bis hierher arbeiten, dazwischen Urlaub und dann die Pension. Dann endlich das tun, was ich will. Dann endlich die große Freiheit, das lebenswerte Leben.

Aber, so frage ich mich oft, woher wollen diese Menschen wissen, dass sie überhaupt so lange leben werden? Dass sie nicht ihr ganzes Leben darauf verschwenden, auf etwas zu warten, das dann niemals kommen wird? Dass es schon irgendwann eine Entschädigung für die jetzt ertragenen Momente geben wird? Jeden Tag, wenn wir in der Früh aufwachen, ob es uns gut geht oder schlecht, ob wir lustig sind oder traurig, alleine oder zu zweit, sollten wir uns klarmachen, dass das Geheimnis des Lebens in der Gegenwart liegt. Dass jeder nicht gelebte Moment für immer verloren ist. Und dass irgendwann der Tag kommen wird, an dem es Zeit sein wird, zu gehen.

Die Gegenwart misst sich nicht in Tagen, nicht in heute und morgen, sie misst sich in Momenten.

Wir können in jedem Augenblick tot umfallen und aus diesem Spiel ausscheiden. Ohne Angabe von Gründen. Leben Sie also im Hier und Jetzt. Und warten Sie niemals, bis Sie Zeit haben.

GEDANKEN ÜBER DIE ZEIT

Sind Sie in der Lage, im Augenblick zu leben, oder laufen Ihre Gedanken und Wünsche Ihrem Leben davon? Mit Hilfe der folgenden Fragen reflektieren Sie Ihren Umgang mit Ihrer Lebenszeit.

In welche Abschnitte haben Sie Ihr Leben eingeteilt?

....

In welchem davon befinden Sie sich gerade?

....

Wenn Ihr Leben in einer Minute zu Ende wäre, was hätten Sie unbedingt noch gerne getan?

....

Warum haben Sie es bis jetzt nicht getan?

....

Was war Ihr letzter bewusst erlebter Augenblick?

....

Wünschen Sie sich gerade, dass die Zeit schneller vergehen sollte? Wenn ja, warum?

....

Wenn nun ein Augenblick einem Atemzug entspräche: Wie viele Momente sollten demnach schon vorbei sein?

....

Wie das Kind
ist auch der Weise jemand,
der über alles
staunen kann.

(aus Tibet)

2. Das Prinzip der Achtsamkeit

»Wie eine Biene den Nektar einer Blume aufnimmt, ohne Farbe und Duft zu stören, dann weiterfliegt, so gehen Weise durch die Welt.« (Buddha)

Lerne, dass aus der Achtsamkeit die Einsicht in andere und in dich selbst kommt

In meiner Funktion als Fotograf werde ich oft gefragt, wie man eigentlich ein guter Landschaftsfotograf wird. Interessierte Menschen wollen hören, dass man dazu ein spezielles Talent braucht, eine besonders teure Ausrüstung, zumindest aber eine lange Ausbildung. Oder am besten alles zusammen. Wenn die Fragenden dann meine Antwort hören, sind sie zumeist verwundert und erstaunt zugleich.

Zwei Dinge braucht ein guter Fotograf, so glaube ich: Achtsamkeit und Demut. Ein gutes Bild will dein Staunen mit dem Betrachter teilen, ihn an deinem Augenblick teilhaben lassen. Der Betrachter möchte deine Demut mit dir fühlen, sich gleichsam mit dir verneigen vor deinem Motiv. Weshalb du es selbst tun musst. Dann wird auch dem Betrachter dein Bild gefallen.

Ob fotografischer Anfänger bei den ersten Versuchen oder Profi mit jahrzehntelanger Erfahrung, vor dem Motiv sind sie alle gleich. Sie stehen beide vor denselben Bergen, derselben Wiese, denselben Blumen. Sie sehen die Welt im gleichen Licht. Und doch verweilt der eine nur für diesen kurzen Blick durch den Sucher, für diesen Druck auf den Auslöser, der die Erinnerung fixiert. Wie wenig nur hat sein Blick in dieser kurzen Zeit erfasst?

Aufmerksamkeit ist Achtung

Der andere hingegen kommt erst einmal nur, um zu schauen. Und er kommt immer wieder.
Er kennt das weiche Licht des Morgens und das bunte Licht des Abends.
Er kennt die harten Schatten der Mittagszeit.
Er kennt die Landschaft, die Blumen, die Wolken, den Himmel.
Er weiß, welches Licht sie am besten kleidet und auch welche Jahreszeit.
Und wenn er sich dann bekannt gemacht hat mit dieser Landschaft, die ihm Modell stehen wird, so wie sich auch ein Porträtfotograf mit seinem Modell bekannt macht, dann ist die Zeit gekommen, sie durch die Kamera zu betrachten und anzuschauen.
Wenn der gute Fotograf all ihre Farben, den Geruch ihrer Blumen, der ebenso wenig auf einem Bild zu sehen sein wird wie der leichte Wind, der sie umgibt, in sich aufgenommen hat und sie in seinem tiefsten Innersten zu schätzen weiß, dann ist die Zeit gekommen, ein Bild zu »nehmen« (Ich finde in diesem Zusammenhang den Ausdruck der englischen Sprache, in der man davon spricht, ein ›Bild zu nehmen‹ (take a picture) einfach passender). Und wenn er schließlich weiß, dass es nicht sein Talent, seine Kamera oder seine Ausbildung sind, die das gute Foto ausmachen, sondern die Landschaft selbst und seine ehrliche Achtung

vor ihr, dann wird es auch ein Bild werden, das dieser Landschaft gerecht wird. Und eines, das den Betrachtern gefallen wird.
Doch wenn es auch so einfach klingt, das Prinzip der Achtsamkeit ist ein schwieriges Prinzip. Eine Idee, die man langsam lernen muss und nur langsam begreifen kann.

Wenn du Bambus malen willst, so sagt man in China, dann musst du dein Leben lang Bambus malen. Dann kannst du vielleicht Bambus malen.

Natürlich, man kann jetzt zu jedem Baum gehen und zu jedem Strauch und zu jeder Blume und sagen: »Ich achte dich.« Man kann zu jedem Menschen gehen, zu jedem Stein und zu jedem Wasser und sagen: »Ich achte dich.« Die Menschen in Ihrer Umgebung würden Sie bewundern als jemanden, der dieses schwierige Prinzip verstanden hat und zu leben scheint.
Aber Sie selbst werden sich dabei wohl eher komisch vorkommen, als wirkliche Freude zu empfinden. Denn in Ihrem Denken hätte sich nichts verändert. Es bliebe ein Schauspiel, das nichts mit wahrer Achtsamkeit zu tun hat. Wie man nicht eines Tages aufwacht und ein guter Landschaftsfotograf ist, kann man auch nicht von einem Tag auf den anderen Achtsamkeit fühlen.

WIE LERNT MAN ACHTSAMKEIT?

Der Weg zur Achtsamkeit beginnt dort, wo Sie beginnen, sich selbst wahrzunehmen, wo Sie beginnen, sich selbst zu spüren. Wo Ihnen Ihr Körper und seine Fähigkeiten bewusst werden. Lassen Sie uns das einmal probieren. Nicht nachher und nicht irgendwann, Sie wissen schon.

- Beginnen Sie bei Ihren Händen. Egal, ob Sie gerade sitzen, stehen oder liegen, Sie halten mit großer Wahrscheinlichkeit dieses Buch. Vielleicht haben Sie es ja vor sich liegen und stützen mit einer oder mit beiden Händen den Kopf. Lesen Sie immer so, wie Sie es gerade tun?

- Beginnen Sie jetzt, Ihre Hände zu spüren. Bringen Sie Ihr Gefühl ganz bewusst in die Fingerspitzen. Fühlen Sie die Veränderung? Fühlen Sie das Buch, das diese Finger halten? Spüren Sie, dass Sie beginnen, sich selbst wahrzunehmen? Dann gehen wir weiter.

- Lassen Sie das Gefühl ganz langsam über die Arme hinauf zur Brust kommen. Noch einmal zurück zu den Fingern und dann wieder in den Bereich der Brust. Langsam.

- Spüren Sie Ihren Atem? Achten Sie auf ihn. Atmen Sie mit den Rippen, dehnen Sie den Brustkorb, und lassen Sie die Luft einströmen. Atmen Sie auch mit dem Bauch, drücken Sie bewusst das Zwerchfell hinunter. Fühlen Sie, wie sich Brust- und Bauchraum weiten und die Luft Ihren Körper füllt? Verharren Sie kurz und lassen dann den Atem wieder entweichen.

- Merken Sie, dass die bewusste Konzentration auf den Atem Ihren Unterkörper schwerer und stabiler werden lässt? Wenn Sie gerade sitzen, spüren Sie dem Bereich Ihres Beckens hinunter bis zur Gesäßmuskulatur nach.

- Richten Sie den Oberkörper gerade, und verlagern Sie Ihren Schwerpunkt ganz hinunter auf die Sitzfläche. Fühlen Sie den Kontakt mit der Sitzunterlage?

- Bringen Sie jetzt die Füße auf den Boden. Ihre Wahrnehmung wandert ganz langsam die Beine entlang zu den Füßen und zu den Fußsohlen. Wenn es Ihnen nicht auf Anhieb gelingt, Ihre Wahrnehmung wandern zu lassen, versuchen Sie es einfach wieder. Das Prinzip der Achtsamkeit ist nur schwierig, weil wir es schon so lange verlernt haben. Aber zurück zu Ihren Füßen. Beide Sohlen stehen ganz fest auf dem Boden. Locker lassen, nicht hinunterdrücken. Nur die Verbundenheit mit dem Boden fühlen.

- Wenn Sie jetzt auf Gesäß und Füße gleichzeitig achten, werden Sie erkennen, dass Sie sehr, sehr fest sitzen. Dass Sie in dieser Position nichts mehr erschüttern kann. Und dass Achtsamkeit eine erstaunliche, tiefe Ruhe bringt.

- Bringen Sie jetzt Ihre Aufmerksamkeit wieder zurück über die Beine, das Becken, den Atem und die Arme auf Ihre Hände, und fühlen Sie wieder das Buch.

1500 Jahre sind vergangen, seit unter dem indischen Mönch Bodhidharma das Kloster Shaolin und die Meisterschaft des waffenlosen Nahkampfes entstanden sind. 1500 Jahre, in denen die Mönche des Klosters das Prinzip der Achtsamkeit zu einer ihrer Lebensregeln erhoben haben, die sie zu den meistgeachteten Kämpfern aller Zeiten gemacht hat. Jeder Schüler des Klosters muss lernen, nicht nur seinen Körper zu pflegen und zu erhalten, sondern auch dessen Tausende Fähigkeiten zu erkennen und zu nutzen. Er muss auf rutschigem Untergrund seine Erdung spüren, jedes Glied seines Fingers und seiner Zehen bewusst kontrollieren können. Er muss seinen Blick steuern können und das Tempo seines Atems. Und er muss lernen, jede Bewegung bewusst und mit Absicht auszuführen.

Nichts wird ein guter Kämpfer dem Zufall überlassen. Und immer wird er die wichtigste Regel beachten, nämlich jene, dass es keine Regel, sondern nur das Prinzip der Achtsamkeit gibt.

Ich will Ihnen ein Beispiel geben. Wenn Sie Landschaftsfotograf werden wollen, würden Sie mich vielleicht nachbein paar Tipps fragen. Ich könnte Ihnen also sagen, legen Sie den Horizont nicht in die Bildmitte, legen Sie ihn in das untere Bilddrittel. Das erzeugt Spannung im Bild. Sie würden meine Regel befolgen und den Horizont nicht in die Mitte, sondern in das untere Bilddrittel legen. Hätte das mit Achtsamkeit zu tun? Würden Sie deshalb bessere Bilder machen? Wohl nicht. Wenn ich Ihnen aber einfach nur sage, achten Sie bei jedem Bild auf die Lage des Horizonts, sähe die Sache anders aus. Achten Sie auf seine Wirkung, probieren Sie ihn oben, unten und in der Mitte. Es ist Ihr Foto, was können da meine Regeln bewirken? Wenn Ihnen der Horizont in der Mitte am besten gefällt, dann gehört er genau dorthin. Wenn Sie aber einfach vergessen haben, darüber nachzudenken, wo er hingehört, dann nicht. Befolgen oder missachten Sie Regeln bewusst.

Achtsamkeit gegenüber sich selbst bedeutet, aus den riesigen zur Verfügung stehenden Mitteln ebenjenes zu gebrauchen, das der Situation angepasst ist.

Und es bedeutet, möglichst viele dieser Möglichkeiten zu kennen. Jetzt, wo Sie die Achtsamkeit sich selbst gegenüber erfahren haben, wird es Zeit, diesen Weg weiterzugehen. Schließlich sind Sie ja nicht alleine auf dieser Welt. Folgen Sie mir also in einen wunderbaren sonnigen Nachmittag in einem ebenso wunderbaren, sonnigen Frühling.

Achtsamkeit gegenüber der Schöpfung

Sehen Sie die riesige Wiese mit den Tausenden bunten Blumen, die uns da umgibt? Sehen sie, wie sie leuchten? Alle diese Blumen? Auch ich habe sie gesehen. Ich habe mich an der Situation erfreut, am Frühling und am schönen warmen Wetter. Und eben auch an diesen Blumen. Und damit wäre das Thema Wiese und Schönheit der Blumen wie so oft für mich wieder einmal erledigt gewesen.
Doch diesmal sagt ein Mensch, dessen tiefes Wissen über das Wesen der Dinge mich schon so oft erstaunt hat, zu mir: »Natürlich sind diese Blumen schön. Sie strengen sich ja auch alle sehr an. Schließlich müssen sie duften und leuchten, damit sie von den Bienen besucht werden.« Die Erkenntnis war einfach unglaublich. Jede einzelne dieser

Millionen von Blumen gibt sich Mühe! Jede einzelne versucht mehr zu strahlen und mehr zu duften als alle anderen, damit auch sie nicht von den Bienen vergessen wird. Jede einzelne dieser Blumen ist ein Wesen wie ich. Und jede einzelne Blume bemüht sich auch für mich. Sie möchte den Bienen und auch mir gefallen. Und sie freut sich, wenn ich sie sehe, sie beachte und mich über sie freue.
Das war der Moment, in dem ich Achtsamkeit gelernt habe. Natürlich können Sie jetzt sagen, das ist alles Unsinn. Die Blumen duften und leuchten, weil es die Evolution im Laufe der Entwicklung einfach so eingerichtet hat. Es ist das alte Prinzip von der Erhaltung der Art. Womit Sie freilich recht haben. Ohne Besuch der Bienen könnten die Blumen ganz einfach nicht überleben.

Achtsamkeit schafft Freude

Aber erklärt das auch, warum wir uns darüber freuen können? Genau genommen könnte uns das nämlich alles ziemlich egal sein. Nichts würde sich durch unsere Gleichgültigkeit ändern. Die Sonne würde farbenprächtig auf- und wieder untergehen, die Blumen würden blühen und duften, die Vögel zwitschern und das Leben seinen gewohnten Lauf nehmen. Alles würde ablaufen, wie es die Evolution eben vorgesehen hat. Trotz allem haben wir die Möglichkeit, zu beobachten, zu staunen und uns zu freuen. Wenn nun diese Möglichkeit der Freude schon da ist und unser Leben um so vieles schöner macht, warum sollten wir sie dann nicht auch nutzen? Wie es denn wirklich ist, werden wir in diesem Leben ohnehin nicht mehr erfahren.
Jemand, der gezeigt hat, wie man aus diesem Prinzip seine

ganze Lebenskraft schöpfen kann, war Franz von Assisi. Im fortgeschrittenen Alter, von schwerer Krankheit gezeichnet, die Wundmale Jesu als offene Wunden an Händen und Füßen, die ihm das Greifen und das Gehen unmöglich machen: In dieser Situation entsteht eine der schönsten Hymnen an die Achtsamkeit. »Gesang der Schöpfung« nennt Franz seinen Text, den wir heute als »Sonnengesang« viel zu oft mit einem Lächeln abtun. Nichts entgeht seiner Achtung. Nicht Sonne, Mond oder Sterne, die uns mit ihrem Licht erst das Sehen ermöglichen, nicht die Tiere, nicht die bunten Blumen, aber auch nicht die Menschen und deren aller Schöpfer. In seiner größten, unabänderlichen körperlichen Not findet Franz von Assisi durch die Achtsamkeit auch seine größte Freude.

Das Shaolin-Prinzip der Achtsamkeit lehrt uns zu verstehen, dass nichts, also wirklich nichts, selbstverständlich ist, sosehr es auch selbstverständlich aussieht und wir es als selbstverständlich hinnehmen.

Diese Freude ist übrigens eine Idee, die auch Ihnen früher selbstverständlich war. Stundenlang können Kinder in der Natur stehen und einen Wasserfall, eine »Pusteblume« oder einen Ameisenhaufen beobachten. Still und voller Faszination ob des gerade neu Entdeckten, das beim nächsten Besuch genauso neu und faszinierend sein wird wie dieses Mal. Ein Weg zur inneren Ruhe, der uns zwar unterwegs zum Erwachsenwerden irgendwann verlorengegangen ist, den wiederzufinden sich aber durchaus lohnt. Das Shaolin-Prinzip lehrt uns, alles auf dieser Welt als etwas Besonderes zu sehen. Es lehrt uns, so sagen Mönche von

Shaolin, dass Achtsamkeit zu tiefer Einsicht führt und zum Erwachen.

Einmal, so erzählt man sich im Kloster, wollte ein junger Mönch von seinem Meister wissen, was Achtsamkeit denn eigentlich bedeute.

»Achtsamkeit«, antwortete der Meister, »bedeutet Achtsamkeit.«

Nicht urteilen

Achtsamkeit bedeutet Aufmerksamkeit und Achtung. Aufmerksamkeit im Moment und Achtung vor allem, was uns umgibt. Aber, und das haben wir schon im Prinzip der Gegenwart gesehen, es bedeutet eines nicht: zu beurteilen. Ein Urteil vernebelt unseren Geist und macht die Klinge dieses so mächtigen Schwertes augenblicklich stumpf. Doch wir sollen nicht Achtung haben vor dem, wie die Dinge sind, sondern davor, dass sie sind.

Wir sollen nicht unterscheiden, wem wir wie viel Respekt zuteilen. Wir müssen vielmehr unterschiedslos jene achten, die vermeintlich unter uns stehen, als auch jene, zu denen wir glauben, aufblicken zu müssen. Unsere Freunde müssen wir genauso achten wie alle, die wir als unsere Gegner empfinden, und uns selbst im gleichen Maß wie alle anderen.

In China findet man die Achtsamkeit in den Ritualen des täglichen Lebens. Beobachtet man zwei Menschen, die einander zum ersten Mal begegnen, so sieht man, dass sie als erste Handlung ihre Visitenkarten tauschen. Sie geben und nehmen die Karte jeweils mit beiden Händen, stehend und mit einer leichten Verbeugung. Ohne zu wissen, wem

genau sie gegenüberstehen, zollen sich die Menschen gegenseitig Respekt.
Auch die jungen Mönche in Shaolin müssen vor ihren Meistern immer wieder ihr Können beweisen. Den Beginn jeder Vorführung des Prüflings macht eine tiefe Verbeugung in Richtung seiner Prüfer. Dass diese um ein Vielfaches älteren und erfahreneren Mönche die Verbeugung darauf in gleicher Tiefe erwidern, mag Sie jetzt erstaunen. Auch wenn es das eigentlich nicht mehr sollte.
Sie haben sich jetzt bei dem Gedanken ertappt, dass es eine Großtat ist, wenn sich ein quasi Vorgesetzter vor dem Untergebenen verbeugt? Dass eigentlich viel mehr der junge Schüler seinen überlegenen Meistern Respekt zollen sollte als umgekehrt? Dann müssen Sie wissen, dass auch das Nichturteilen ein schwieriges Prinzip ist. Zumal es so tief in uns verwurzelt ist.

Der eigenen Wahrnehmung vertrauen

Von Kindheit an lernen wir, einzuordnen, einzuteilen, zu kategorisieren, zu beurteilen. Wir lernen, welche Pflanzen Nutzpflanzen sind und welche Unkraut, welche man wachsen lässt und welche man ausreißen muss. Wir lernen von den guten Tieren und von den bösen, von Freunden und Feinden, von Gut und Böse, von Schwarz und Weiß. Wir lernen, was möglich ist und was nicht sein kann und was man tun und was man besser lassen soll. Wir lernen, dass es kleine, schwache Gegner gibt und große, starke.
Und vor lauter Urteilen verlernen wir, auf unsere eigene Wahrnehmung, unsere eigene Einschätzung zu hören. Vor allem wenn diese dem angelernten Urteil widerspricht.

Einen großen, gewichtigen Mann werden Sie wohl als starken Gegner einschätzen, ein kleines, zartes Kind als einen schwachen.

Nehmen Sie bitte Ihr Heft, und schreiben Sie fünf Merkmale eines starken Gegners hinein und fünf Merkmale eines schwachen. Zögern Sie nicht, denken Sie nicht vorher nach, schreiben Sie. Es ist ja Ihr Heft. Überprüfen Sie Ihre Ansicht aber von Zeit zu Zeit.

Wie erstaunt wäre wohl nämlich so mancher, wenn er wüsste, dass ein kleiner, zehnjähriger Zögling aus Shaolin es mit einer Gruppe von fünf erwachsenen Männern aufnehmen und diese in die Flucht schlagen könnte?
Das Prinzip der Achtsamkeit lehrt uns, dass auch sein kann, was nicht sein darf. Dass wir uns auf jeden Moment und jedes Geschöpf unvoreingenommen einlassen müssen, auch wenn es uns oft schwerfällt. Und dass wir niemals unseren Gegner unterschätzen, aber auch niemals überschätzen dürfen. Denn wenn wir durch unachtsames Urteilen unseren Gegner mächtiger einschätzen, als er ist, werden wir ihn vielleicht gerade dadurch erst wirklich mächtig machen.

Andere richtig einschätzen

Nehmen wir an, irgendjemand behauptet ungerechtfertigterweise, Sie schulden Geld. Da Sie natürlich nicht zahlen, erhalten Sie eines Tages einen Brief, in dem Sie bei Androhung einer Klage zur unverzüglichen Überweisung des Betrages aufgefordert werden. Unterzeichnet ist das harsche, etwas geschwollen formulierte Schreiben von Dr. Engelbert

Muster. Nun meine Frage: Was hat Dr. Muster studiert? »Rechtswissenschaften natürlich«, höre ich Sie sagen. Was denn sonst? Sie schulden angeblich Geld, er schreibt diesen Brief, droht mit Klage. Was aber, wenn Sie ihn einfach überschätzt haben und er seinen Doktor in Biologie, Kunstgeschichte oder Sprachwissenschaften gemacht hat? Nur, weil Sie angeblich Geld schulden und er einen Doktortitel hat, muss er doch nicht Jurist sein, oder?
Hätten Sie aber nicht geurteilt, sondern nach dem Prinzip der Achtsamkeit gehandelt, hätten Sie zuerst einmal gar nichts gedacht und dann herausgefunden, dass Herr Muster einfach ein Ehrendoktorat einer Universität in Russland hat und eigentlich technischer Angestellter im Ruhestand ist. Und Sie hätten entsprechend gehandelt und ein passendes Gegenschreiben verfasst. Im anderen Fall aber hätten Sie vielleicht gezahlt, ohne das Geld überhaupt zu schulden, nur um weiteren Problemen zu entgehen. Unterschätzen Sie also Ihren Gegner nicht, und überschätzen Sie ihn auch nicht. Treten Sie ihm mit Achtung entgegen.

Dein Gegenüber zu achten heißt, ihn zu erkennen. Ihn nicht beurteilen zu wollen heißt, ihn einschätzen zu können. Ihm achtsam gegenüberzutreten heißt, ihn besiegen zu können.

Das Prinzip der Achtsamkeit lehrt uns, unsere eigenen Fähigkeiten und Möglichkeiten, aber auch jene des Gegners zu erkennen. Es lehrt uns, dass aus der Achtung das Staunen kommt und aus dem Staunen die Freude. Und es lehrt uns, dass die achtsame Verbundenheit mit allem, was uns umgibt, auch Sie unbesiegbar machen kann.

MIT ALLEN SINNEN

Die folgenden Fragen möchten Ihnen beim Erlernen von Achtsamkeit helfen. Versuchen Sie, alle zu beantworten, auch wenn Ihnen manche auf den ersten Blick vielleicht schwierig erscheinen.

Wie riechen die Blüten eines Kirsch-, Aprikosen- und Apfelbaumes?

....

Nehmen Sie sich ein Glas Wasser. Wie riecht es? Wie schmeckt es?

....

Können Sie die einzelnen Rosen in einem Strauch an ihrem Geruch auseinanderhalten?

....

Bitte die Frage spontan beantworten: Wer verdient Ihrer Meinung nach besonders viel Respekt?

....

Warum?

....

Und wer verdient Ihrer Meinung nach besonders wenig Respekt?

....

Warum?

....

Wenn Sie sich das nächste Mal in der Gegenwart von vielen Menschen befinden, versuchen Sie einmal anhand von Kleidung, Haltung, Benehmen und Sprachen deren Beruf festzustellen. Fragen Sie anschließend danach. Wie viele haben Sie richtig erraten?

....

Bleiben Sie stehen, wo Sie sich gerade befinden. Was sehen Sie?

....

Was ist für Sie Unkraut?

....

....

....

Sei dazu entschlossen,
und die Sache ist getan.

(Konfuzius)

3. Das Prinzip der Entschlossenheit

Notwendigkeit setzt alle Gesetze außer Kraft.
(aus China)

Lerne, Dinge ganz zu tun oder ganz zu lassen

»Beim Ziehen des Schwertes musst du innerlich bereit sein, den Gegner zu töten. Auch wenn du den Hieb des Gegners parierst, darfst du den Griff nicht verändern, und deine Hand darf sich nicht verkrampfen. Immer musst du das Schwert mit dem Gefühl halten, dass es vor allem darum geht, deinen Gegner zu töten.«

Miyamoto Musashi, der diese Worte geschrieben hat, zählt zu den besten Schwertkämpfern aller Zeiten. Nachdem der Samurai mehr als sechzig Herausforderer getötet hatte, galt er als unbesiegbar. Den Rest seines Lebens im Japan des 17. Jahrhunderts widmete er dem Studium der Hintergründe des Schwertkampfes.

Dieses Buch soll natürlich keine Aufforderung sein, ein Schwert zu ziehen, noch dazu, um jemanden zu töten. Das wäre weder in Ordnung noch zeitgemäß und würde Sie nur in Schwierigkeiten bringen. Außerdem würde es komisch aussehen. Das Schwert der heutigen Zeit ist unsichtbar, verborgen in unseren Köpfen. Es ist das Prinzip der Entschlossenheit.

ENTSCHLÜSSE FASSEN

Bevor wir hier weitermachen, nehmen Sie bitte Ihr Heft.

- Beginnen Sie dort ein neues Kapitel, und schreiben Sie ein paar Dinge hinein, zu denen Sie wirklich entschlossen sind. Das sollten jetzt keine Anschaffungen wie ein neues Auto oder ein stärkerer Computer sein, sondern ganz persönliche »endliche« Dinge wie »aufhören zu rauchen«, »die Frisur ändern« oder »einen neuen Job suchen«. Finden Sie zehn solcher Dinge. Fertig?
- Gut. Dann überprüfen Sie die Einträge noch einmal, und streichen Sie alles weg, zu dem Sie nicht wirklich entschlossen sind. Ich meine damit alle, »Ja eigentlich sollte ich ja wirklich endlich einmal ...«-Einträge.
- Schließlich streichen Sie noch alles weg, was Sie nicht schon hätten tun können. Also die »Nach der Hochzeit werde ich ...«-Einträge, die tatsächlich von einem Zeitpunkt abhängig sind.
- Es sollten nach gründlicher Prüfung drei Zeilen stehen bleiben. Schreiben Sie diese drei Dinge, von denen Sie meinen, dass Sie wirklich zu ihnen entschlossen sind, noch einmal unter den anderen Einträgen zusammen.

Was jetzt in Ihrem Heft steht, sind fünf Zeilen, die ausdrücken, was Sie gerne tun würden oder von dem Sie denken, es wäre nötig, es zu tun. Nichts aber steht dort, zu dem Sie wirklich entschlossen sind. Sonst wäre es nämlich schon längst getan.
Warten Sie noch kurz mit dem Widersprechen. Was ich Ihnen hier zeigen möchte, ist der große Unterschied zwischen »etwas wollen« und »zu etwas entschlossen sein«. Es gibt ihn. Erstens ist das Wollen ohnehin der wichtigste Schritt auf dem Weg zur Entschlossenheit. Und zweitens steht in Ihrem Heft sicher nichts von »die Blumen

gießen«, »morgen zur Arbeit gehen« oder »vor dem Schlafengehen das Radio abdrehen«. Und warum nicht? Weil Sie dazu wirklich entschlossen sind. Ihr Entschluss ist so stark, dass Sie ihn als Selbstverständlichkeit ansehen.
Natürlich haben Sie sich wahrscheinlich das eine oder andere Mal in der Früh überlegt, nicht in die Arbeit zu gehen. Sie haben sich ganz fest vorgenommen, sich in der nächsten Zeit einmal krankzumelden, endlich auszuschlafen und einmal zwei oder drei Tage das zu tun, das Sie wirklich möchten. Bei den vielen nie abgegoltenen Überstunden der letzten Zeit hätten Sie nicht einmal ein schlechtes Gewissen haben müssen. Trotz allem aber ist es ein Wunsch geblieben. Wirklich entschlossen waren Sie, in die Arbeit zu gehen, und das haben Sie natürlich auch getan.
Das ist der Unterschied zwischen »wollen« und »zu etwas entschlossen sein«.

- Schreiben Sie mit diesem Wissen fünf Dinge in Ihr Heft, zu denen Sie wirklich entschlossen sind. Sie werden sicherlich mehr finden, aber reduzieren Sie auch hier auf fünf Zeilen. Mit einem gewissen Erstaunen werden Sie feststellen, dass es scheinbare Selbstverständlichkeiten sind. Haben Sie vielleicht die zehn Minuten in der Mittagspause aufgeschrieben, die nur Ihnen ganz alleine gehören und die Ihnen niemand nehmen darf? In denen Sie sogar das Handy abschalten, um die Zeit wirklich für sich zu haben? Haben Sie »den Arbeitsplatz in Ordnung bringen, bevor Sie die Firma verlassen« in Ihrem Heft stehen? Das tägliche Kochen und anschließende Abwaschen? Das Den-Müll-Hinunterbringen? Alles Dinge, zu denen Sie so sehr entschlossen sind, dass sie Ihnen zur Selbstverständlichkeit geworden sind, ohne dass sie wirklich Selbstverständlichkeiten wären. Es bleiben einfach Handlungen, zu denen Sie wirklich entschlossen sind.

- Nun lesen Sie noch einmal die zehn Zeilen in Ihrem Heft, und bewerten Sie diese nach folgender Frage: Wie schwer ist es, Sie davon abzubringen? Wenn es also zum Beispiel sehr schwer ist, Sie davon abzubringen, die gewaschene Wäsche zu bügeln, dann machen Sie bitte in dieser Zeile zwei Kreuze, wenn es halbwegs schwer ist, eines, und wenn ein »Bist du verrückt?« reicht, gar keines. Seien Sie bitte ehrlich dabei, und bewerten Sie, wie es wirklich ist und nicht wie Sie es gerne sehen würden.
- Wenn Sie jetzt das Ergebnis betrachten, werden Sie sehr wahrscheinlich feststellen, dass in den oberen Zeilen mehr Kreuze sind als in den unteren. Sie können erkennen, dass Sie Ihre Wünsche und vermeintliche Notwendigkeiten unterschiedlich bewerten.
- Schreiben Sie jetzt bitte den Begriff mit den meisten Kreuzen auf, und notieren Sie darunter, warum Sie so schwer davon abzubringen wären. Machen Sie das Gleiche mit dem zweiten und dem dritten.
- Gehen Sie dann zu den Begriffen, mit denen Sie nur wenig Entschlossenheit verbindet. Warum, so schreiben Sie bitte dort darunter, wären Sie von diesen Dingen leicht abzubringen?
- Und dann schreiben Sie bitte noch in ein paar Worten dazu, was die jeweiligen Vorhaben voneinander unterscheidet. Ich meine damit, »Ich gehe zur Arbeit, weil es meine Pflicht ist, aber ich verlange nicht nach einer Gehaltserhöhung, weil das noch zu früh ist«.

Sie haben gesehen, dass es Dinge gibt, die eben getan werden müssen, und solche, die Sie gerne hätten, und dass Ihre unterschiedliche Wahrnehmung und Beurteilung dieser Vorhaben auch Ihr Handeln beeinflusst.

Interessanterweise sind es gar nicht jene Dinge, die uns leichter fallen, von denen wir schwieriger abzubringen sind. Ganz im Gegenteil sind wir oft zu den schwierigen Dingen entschlossen und lassen uns von den leichten abbringen. Nehmen wir als Beispiel noch einmal die Arbeit. Sie haben sich einen Tag freigenommen, um ein längeres Wochenende zu haben, und die Stunden dafür auch eingearbeitet. Zwei Tage vor diesem Kurzurlaub lässt man Ihnen ausrichten, dass Sie in der Firma sehr dringend gebraucht würden und daher bitte den freien Tag verschieben sollen. Nun zeigt es sich, ob Sie den Tag nur freinehmen wollten oder ob Sie wirklich dazu entschlossen waren.

Wollen ohne Entschlossenheit ist ein schwerer Klotz, den Sie selbst an Ihr Bein hängen. Er kostet unheimlich viel Kraft, die Ihnen dann woanders fehlt.

Wertungsfrei gesehen, fiele es Ihnen wohl leichter, nicht arbeiten zu gehen, sondern zu Hause oder wo immer den Tag zu genießen. Es wäre also für Sie kein Opfer, nicht in die Arbeit zu gehen.
Tatsächlich aber werden Sie viel schwieriger davon abzubringen zu sein, in die Arbeit zu gehen (obwohl Sie ja genau das nicht wollen), als davon, den eingearbeiteten und lange vereinbarten Urlaub auch zu diesem Zeitpunkt zu konsumieren. Sie hatten also nur den Wunsch, an diesem Tag freizuhaben, aber nicht den Entschluss. Oder ist Ihnen schon jemals auf dem Weg in die Arbeit etwas dazwischengekommen, so dass Sie dann spontan einfach doch woanders hingegangen sind?
Ich will Ihnen das Problem anhand eines Beispiels illustrie-

ren. Nehmen wir an, Sie haben den Vorsatz, sich nur mehr gesund zu ernähren. Sie wollen es, sind aber nicht wirklich dazu entschlossen. In der Folge werden Sie zwar nicht Ihre Ernährung umstellen, aber fünfmal so lange für den Einkauf brauchen. Jedes nicht so gesunde Teil werden Sie dreimal umdrehen, bevor Sie es dann schließlich doch in den Einkaufswagen legen. »Eigentlich sollte ich ja nicht, aber …«-Gedanken inklusive der passenden Erklärungen werden Ihren Kopf genauso füllen wie das schlechte Gewissen mit den Selbstvorwürfen und dem neidischen Blick auf alle, die es vermeintlich geschafft haben. Und nicht zuletzt der ganz feste Vorsatz, ab morgen alles anders zu machen.
Was haben Sie davon? Ihre Ernährung haben Sie nicht umgestellt, und auch sonst hat sich nichts geändert. Aber Sie haben Ihren Kopf zugemüllt und viel weniger Konzentration für das Wesentliche.

Pures Wollen trifft nicht das Ziel

Manchmal kann Wollen ohne Entschlossenheit Sie sogar in ernste Gefahr bringen. So planen manche Reisende in abgelegene, manchmal tatsächlich gefährliche Teile der Welt, bei ihren Touren eine Schusswaffe mit sich zu führen. Sollte man, so die Überlegung, in die Situation eines lebensbedrohlichen Überfalls kommen, bestünde zumindest die Chance, den Angreifer abzuwehren.
Was so aber leider nicht stimmt. Denn neben der perfekten Beherrschung der Waffe wäre für eine wirkliche Verteidigung auch hier die unbedingte Entschlossenheit nötig, den Gegner gegebenenfalls wirklich zu töten. Die Waffe also zu ziehen mit der tatsächlichen Bereitschaft, auch sofort zu

schießen. Auch wenn es niemals unser Ziel sein wird, einem Menschen das Leben zu nehmen, ist der Tod des Angreifers in diesem Fall ein gegebenes Risiko.
Gestikulieren wir nur drohend mit der Pistole herum, würde der Anblick der Schusswaffe den Gegner wohl noch aggressiver machen. In diesem Fall könnten die leere Drohung und die Entschlossenheit des Angreifers für den Reisenden tödlich enden. Er verliert dann sein Leben, weil er zwar den Wunsch hatte, sich zu verteidigen, aber nicht die Entschlossenheit, seine Waffe auch wirklich zu verwenden. In diesem Fall wäre es besser gewesen, die Pistole aus dem Spiel zu lassen.

Das dritte Shaolin-Prinzip lehrt uns, Dinge ganz zu tun oder ganz zu lassen. Es lehrt uns, nur das zu tun, zu dem wir wirklich entschlossen sind – und zu dem wir auch bereit sind.

Auch im Kloster Shaolin trainieren und erproben die Mönche ständig diese Fähigkeit. Denn die Kraft, mit der die bloße Hand eines Kung-Fu-Kämpfers scheinbar mühelos mehrere Ziegel durchschlägt, ist die Kraft der Entschlossenheit. Würde er bei gleicher körperlicher Kraft auch nur einen Sekundenbruchteil zögern, wäre im günstigsten Fall eine gebrochene Hand die Folge. Der Kämpfer muss also nicht nur den Ziegel zerbrechen wollen, er muss wirklich dazu entschlossen sein, es zu tun.
Wir haben jetzt gesehen, dass Entschlossenheit ein sehr mächtiges Instrument ist. In der Auseinandersetzung mit anderen genauso wie im Kampf mit sich selbst. Ich will Ihnen jetzt zeigen, wie man sie stärken kann. Beginnen

wir mit jener Situation, in der sich unsere zwei größten inneren Rivalen gegenüberstehen: das Wollen und das Nichtwollen. Das »Eigentlich-schon-Wollen« lassen wir hier weg, es gehört mit all seinen Erscheinungsformen zum Nichtwollen.

Den Weg zum Ziel vorbereiten

Als Vorbereitung zur Auseinandersetzung skizzieren wir unser Ziel und, noch viel wichtiger, den Weg, auf dem wir es erreichen werden. Den Weg zu kennen und zu befolgen kann über Erfolg oder Misserfolg, in extremen Situationen auch über Leben und Tod entscheiden.

Wenn man, so habe ich einmal bei einem Überlebenstraining gelernt, in einer emotionellen, sehr schwierigen Lage wie zum Beispiel mitten in einer Lawine ist, muss man versuchen, für kurze Zeit einen klaren Kopf zu bekommen. In diesen Momenten macht man einen Plan für das weitere Vorgehen und prägt sich diesen sehr gut ein. Das ist dann der Plan fürs Überleben. Egal wie absurd oder sinnlos der Plan einem nachher, wenn die Ereignisse verwirren, auch erscheinen mag, man muss sich unter allen Umständen an ihn halten. Man muss sich an ihn klammern und den Weg so weitergehen, wie ursprünglich beschlossen.

So sagt es Musashi: »Man mag einen Weg mit Eifer studieren – sobald man nur ein bisschen von ihm abweicht, ist es nicht mehr der wahre Weg, selbst wenn man ihn für einen guten Weg hält. Wer nicht streng auf dem wahren Weg bleibt und wer sich auch nur eine kleine Abweichung gestattet, endet in einer Sackgasse. Das ist zu beachten.«

Gehen wir zurück zu unserem Beispiel mit der gesunden

Ernährung. Ihr Ziel ist es, sich gut und ausgewogen zu ernähren. Der Weg dorthin ist, keine Sachen mehr zu kaufen, die Sie selbst als ungesund ansehen. Sie machen also genau diesen Plan. Auch wenn Sie beim Einkaufen plötzlich Heißhunger und Hunderte andere Argumente dafür hätten, Sie kaufen die Sachen nicht mehr.

Das ist der Punkt, zu dem Sie zurückkehren müssen, wenn Ihnen das Ganze plötzlich lächerlich und absurd erscheint. Sie haben sich in einem von Emotionen unbeeinflussten Moment dazu entschlossen und kaufen einfach nichts Ungesundes mehr. Kommen dann die kleinen »Dieses eine Mal ist doch wirklich egal …«-Versuchungen, schlagen Sie im Geiste mit der Hand auf einen Tisch und denken laut und deutlich: »Aus!« So lange, bis die Geister Ruhe geben. Klingt komisch, klappt aber gut.

Konsequent bleiben

Neben dem Plan ist es außerdem wichtig, bewusst konsequent zu sein. Das heißt, dass Sie alles, was Sie sich für jeden Tag vornehmen, auch tatsächlich jeden Tag machen. Auch wenn es Sie einmal nicht freuen sollte. Lassen Sie nämlich zum Beispiel ein einziges Mal die täglichen fünf Minuten Morgengymnastik mit einer Ausrede aus, werden Sie von da an jeden Tag einen Grund finden, warum es gerade heute nicht geht.

Beenden Sie alle Ansätze von Ausreden mit einem deutlichen »Aus!«, so wird Ihnen Ihr Vorhaben mit der Zeit zur Gewohnheit und schließlich zur Selbstverständlichkeit werden. Ob Sie jetzt die Ernährung umstellen, mit dem Rauchen aufhören oder jeden Tag zehn Vokabeln für den

Sommerurlaub lernen wollen: Der Weg dorthin ist immer der gleiche. Mit dem Schlag auf den imaginären Tisch ist das Schwert Ihrer Entschlossenheit jetzt einsatzbereit.

Willensschwäche wird zur Chance für den Gegner

Wollen ohne Entschlossenheit, habe ich Ihnen vorher gesagt, ist ein Klotz am Bein, der Sie lähmt. In den Händen unserer Gegner kann es sogar zu einem gefährlichen Mittel werden, mit der sie uns letztendlich besiegen.

Firma X bringt ein neues Produkt auf den Markt, das Sie in keinster Weise brauchen können. Was wird Firma X, die jetzt zum Gegner wird, tun? Sie wird herausfinden, dass Sie das Produkt zwar nicht kaufen wollen, aber zum Nichtkauf auch nicht entschlossen sind. Ständig wird sie Ihnen die Schönheit, die Vorteile dieses Produktes vor Augen führen und Sie zum Kampf gegen sich selbst herausfordern.

Das Fatale dabei ist, dass Firma X als Gegner gar nicht mehr irgendwelche Kräfte für Sie binden muss, das tun Sie jetzt selbst. »Eigentlich brauche ich es ja wirklich nicht«, beginnen Sie zu denken, »aber wenn ich es hätte, könnte ich das und das tun, das ich zwar auch nicht tun werde, aber …« Und am Ende kaufen Sie das Produkt, das Sie, wie gesagt, nicht brauchen können, um endlich Ruhe von Ihren Überlegungen zu haben.

Im »Buch des Wassers« schreibt Schwertkämpfer Musashi: »Das Schwert des Gegners bis auf den Grund zu erkennen und sich nicht durch äußere Bewegungen des Schwertes ablenken zu lassen – das ist wichtig. Darum musst du dich bemühen.« Das Schwert des Gegners ist seine Entschlossenheit, Ihnen das Produkt zu verkaufen. Wären Sie von vornherein genauso entschlossen gewesen, das Produkt nicht zu kaufen, wäre das Thema gar keines geworden, und Sie hätten weder Gedanken noch Geld verschwendet. Unterschätzen Sie aber vor allem einen Gegner nicht, der Zeit hat.

»Entschlossenheit hat nichts mit der Länge der Jahre zu tun«, sagen die Mönche in Shaolin.

Über einen wahren Entschluss, meinen sie damit, kann man viele Male schlafen, und er bleibt bestehen. Ein böses »Nie wieder rühre ich dieses und jenes an …« besteht nicht länger als der Zorn.
Die Kampftechnik Kung-Fu hat im Laufe der Jahrhunderte eine Perfektion erreicht, die ihresgleichen sucht. Warum aber entscheidet bei gleichem Können einer der Kontrahenten den Kampf für sich? Weil sein Gegner einen kurzen Augenblick nicht voll bei der Sache ist und jenen Fehler macht, der den Kampf entscheiden wird.

Trägheit schwächt die Entschlossenheit

Eine andere Methode, die Entschlossenheit des anderen zu unterwandern, ist jene, seine Trägheit zu nutzen. Vielleicht haben Sie schon gehört, dass ein Frosch, den man in kochendes Wasser wirft, natürlich sofort herausspringt. In kaltes Wasser gelegt aber, welches langsam erhitzt wird, lässt sich der gleiche Frosch zu Tode kochen.
Was das mit Ihnen zu tun hat? Firma Y möchte die Preise für ihre Dienstleistungen verdoppeln. Tut sie das von einem Tag auf den anderen, ist auch der Schwächste sofort ent-

schlossen, einen anderen Anbieter zu finden. Die gleiche Preissteigerung, verteilt über einen gewissen Zeitraum, lässt die Entschlossenheit sinken. »Sind ja eh nur zehn Prozent, und es wird halt alles teurer«, sagen Sie zehnmal. Bis das Unternehmen sein Ziel erreicht hat.

Schreiben Sie bitte in Ihr Heft fünf Dinge, bei denen Sie ein Frosch sind. Notieren Sie auch, warum Sie sich totkochen lassen und wo Sie etwas ändern sollten.

Bis hier haben wir das Prinzip der Entschlossenheit als Technik der Abwehr kennengelernt und auch erfolgreich erprobt. Es kann aber noch viel mehr. Denn das Prinzip der Entschlossenheit ist gleichzeitig ein Prinzip des Handelns. Werden Sie irgendwo bei einer Gesetzesübertretung ertappt, so möchte der Beamte mit großer Wahrscheinlichkeit von Ihnen Geld.

Egal, ob das jetzt viel oder wenig ist, Sie werden sich wahrscheinlich mit dem Vorsatz »Das bezahle ich nicht« einmal einen Zahlschein zuschicken lassen. Natürlich wissen Sie, dass an der Bezahlung kein Weg vorbeiführt, und genau deshalb haben Sie sich völlig unnötig ein Problem geschaffen. Der Zahlschein wird selbstverständlich kommen, ein paar Tage herumliegen und dann mit Zinsen bezahlt werden. Außer einige Tage Ärger und den zusätzlichen Weg zur Bank haben Sie nichts gewonnen.

Das Shaolin-Prinzip lehrt uns, Dinge, die wir nicht ändern können, im Moment zu akzeptieren und das zu tun, was nötig ist. Mich hat meine Großmutter, der ich sehr viel verdanke in diesem Leben, das Prinzip des Handelns gelehrt.

Nie hat sie mit »Wieso hat das passieren können?« oder »Jetzt schau aber, wie du es wieder in Ordnung bringst!« auf meine altersbedingten Dummheiten reagiert. Ihre Frage war immer: »Was ist jetzt zu tun?« Und genau das hat sie dann auch getan. Alles andere haben wir danach geklärt. Und jene, die an jeder mir zu erteilenden Lektion gutes Geld verdient hätten, sind immer wieder leer ausgegangen.

Agieren statt reagieren

Das Prinzip des Handelns lehrt uns auch zu verstehen, dass es ein paar wenige Menschen gibt, die handeln, und viele, die darauf reagieren. Dass jene, die agieren, von vornherein in der besseren Position sind. Sie legen die Spielregeln fest, wählen den Platz aus, an dem alles passiert, und bereiten sich geistig auf Auseinandersetzungen vor. Da sie es sind, die den Ort und den Zeitpunkt des Geschehens bestimmen, kommen sie ausgeruht an, besichtigen das Gelände und schlagen zu, wenn sie es für gut halten. Die Verteidiger können nur versuchen, sich zu wehren.

Natürlich tun die Angreifer alles, um sich diesen Vorteil zu bewahren. Sie verbergen ihre wahren Absichten, indem sie die Verteidiger manipulieren. Denn zu Menschen, die handeln, schauen viele hinauf. Sie vergessen, dass auch diese ausnahmslos nur Menschen sind. Mit Schwächen, Ängsten, Problemen und schlechten Träumen. »Er wird schon wissen, was er tut«, heißt es da, oder »Ich warte mal, was sie sagt«. Jemand, der sich entschließt, als Experte für das Leben in fernen Galaxien aufzutreten, wird als solcher anerkannt werden und bald auch in anderen Fragen als wichtige Entscheidungshilfe herangezogen werden. Nicht

ÜBERPRÜFEN SIE IHRE ENTSCHLOSSENHEIT

Auch Entschlossenheit kann man lernen. Die Fragen im Anschluss sollen Ihnen zeigen, wo Sie gerade stehen. Kehren Sie immer wieder zu ihnen zurück, um Ihre Veränderung zu sehen.

Was tun Sie nur dann, wenn Sie von jemand anderem dazu aufgefordert werden?

………………………………………………………………………………

Warum ist das jeweils so?

………………………………………………………………………………

Von welchen Dingen, die Sie eigentlich täglich tun wollen, lassen Sie sich durch Ausreden abhalten?

………………………………………………………………………………

Wenn Sie es doch eigentlich tun wollen: Warum lassen Sie sich abhalten?

………………………………………………………………………………

………………………………………………………………………………

Wann haben das letzte Mal Ihre Gegner Ort und Zeitpunkt eines Treffens bestimmt?

....

Wie haben sie das bewerkstelligt?

....

Wieso haben Sie diese Taktik nicht erkannt?

....

Wann haben Sie das letzte Mal Ort und Zeitpunkt eines Treffens bestimmt?

....

Wie haben Sie das bewerkstelligt?

....

Wann waren Sie das letzte Mal Zweiter, weil ein anderer entschlossener gehandelt hat?

....

Und wann haben Sie das letzte Mal durch Entschlossenheit eine Situation für sich entschieden?

....

wegen seines Wissens, das ist nicht überprüfbar. Sondern weil er handelt und sich damit zum Experten macht. Selbst wenn Sie später auch handeln und stichhaltige Argumente gegen seine Theorien bringen können, bleiben Sie Zweiter. Sie reagieren nämlich nur.

Das Shaolin-Prinzip der Entschlossenheit lehrt uns, dass Menschen, die handeln, den Lauf der Welt und das Leben der anderen bestimmen.

Solange Sie nur reagieren, sagen diese auch Ihnen, was Sie zu tun und was Sie zu lassen haben. Der große Philosoph Laotse hat einmal gesagt, dass der erste Schritt der Beginn einer zehntausend Li langen Reise ist. Das Prinzip der Entschlossenheit will uns daran erinnern, genau diesen ersten Schritt zu tun.

Mach die Augen zu.
Was du dann siehst,
gehört dir.

(Günther Eich)

4. Das Prinzip des Nicht-besitzen-Wollens

Alles Leid entsteht durch
Unzufriedenheit und Gier.
(Buddha)

Lerne, dass Begierde dich berechenbar, verletzbar und erpressbar macht

»Nicht besitzen zu wollen« hat in Asien eine viel weitere Bedeutung als bei uns. Europäer verstehen darunter oft »bewusst auf etwas zu verzichten«. Die asiatische Lebenshaltung meint damit, das Denken frei zu machen von der Idee, dass man etwas überhaupt besitzen kann. Wenn Sie so weit sind, ehrlich nichts besitzen zu wollen, werden Sie auch nicht leiden.

Stellen Sie sich vor, eines Tages läutet es an Ihrer Tür, und davor steht ein sehr wichtig aussehender Mensch. Er zeigt einen Ausweis vor, in dem steht, dass er ohne Angabe von Gründen berechtigt ist, Ihnen alles wegzunehmen, was Sie besitzen. Den Fernseher, das Auto, die Anglerausrüstung, den Sonntagsanzug, die teure Uhr, einfach alles. Und er beginnt auch gleich damit, Ihre Sachen einzupacken. Ein schrecklicher Gedanke, nicht wahr? Versetzen Sie sich in diese Situation. Was geht in Ihrem Kopf vor? Was versuchen Sie, auf alle Fälle in Sicherheit zu bringen oder zu verstecken? Wie reagieren Sie?

Nehmen Sie bitte Ihr Heft, und schreiben Sie fünf Gefühle hinein, die Sie mit dieser Situation in Verbindung bringen. Das kann Gleichgültigkeit genauso sein wie Zorn oder Hilflosigkeit. Seien Sie ehrlich zu sich selbst, und finden Sie jene fünf Dinge, die Sie am stärksten mit dieser Situation assoziieren. Jetzt zählen Sie bitte, wie viele dieser Gefühle Sie gerne öfter hätten, und schreiben Sie diese Zahl darunter. Schreiben Sie die Anzahl der unangenehmen Gefühle daneben. Ich denke, dass die negativen Gefühle überwiegen.

Wie viele negative Gefühle entstehen durch die Angst, nicht genug zu haben und zu bekommen? Wie viel Leid entsteht durch den Drang, zu besitzen, was man überhaupt nicht besitzen kann? Lassen Sie mich provokant sein: Schauen Sie einfach in Ihr Heft. »Alles Leid«, hat Buddha gesagt, »entsteht durch Gier.«

Gier macht ohnmächtig

Falls Sie sich jetzt fragen, wieso man etwas nicht besitzen kann, ein kurzes Beispiel. Vor einiger Zeit gab es wieder einmal Unwetter. Schwere Regenfälle und Stürme hatten Teile eines unbewohnten Waldgebietes verwüstet, Bäume waren abgebrochen und teilweise von Blitzen getroffen worden. Die Natur hatte im wahrsten Sinne des Wortes gewütet. Am nächsten Tag war in der Zeitung zu lesen: »Tausende Bäume entwurzelt: Unwetter richtet in Wäldern Millionen Schaden an«. Was mich an der Sache verwundert hat, war die Frage, wem eigentlich genau dieser Schaden entstanden sein könnte? Dem Wald wohl kaum. Und dass diese Bäume irgendeinem Menschen wirklich gehören, scheint mir auch unwahrscheinlich. Dass sich irgendein Mensch diese Bäume einfach aneignen wollte, kann ich schon eher glauben. Und der hatte übersehen, dass es Dinge gibt auf dieser Erde, die man einfach nicht besitzen kann. Deshalb ist er am Schluss auch mit dem Schaden und all den negativen Gefühlen des Verlustes dagestanden.

Grundsätzlich ist Gier ein zutiefst menschliches Gefühl. Es ist sogar so menschlich, dass es uns von allen anderen Bewohnern dieser Erde unterscheidet. Oder haben Sie etwa schon von einem Löwen gehört, der zehn Zebras mehr tötet, als er essen kann, um diese dann vielleicht irgendwann einmal zu verkaufen? Haben Sie natürlich nicht. Ein Löwe lebt wie alle anderen Tiere im Augenblick und weiß, dass immer so viel von allem verfügbar sein wird, dass er gut überleben kann. Die Gier nach immer mehr ist uns Menschen vorbehalten.

Das vierte Shaolin-Prinzip lehrt uns, dass genau diese Gier uns verletzbar, berechenbar und erpressbar macht. Wer seine Begierde nicht unter Kontrolle hat, gibt anderen Menschen Macht über sich und die eigenen Gefühle und wird dadurch leichter angreifbar.

Der Mönch und der General

In Shaolin erzählt man sich die Geschichte eines Generals, der mit seinen Soldaten zu Pferd unterwegs war. Eines Tages traf er auf einen Zen-Mönch, der gerade in Meditation versunken war.

Der General war empört und rief ihm zu: »He, du da! Mönch! Geh mir aus dem Weg.«

Der Mönch saß regungslos da und schwieg.
»Bist du denn taub? Hast du nicht gehört? Ich habe dir gesagt, du sollst mir aus dem Weg gehen.«
Aber der Mönch blieb weiter regungslos und still.
Von seinem Pferd herunter rief der General ihm drohend zu: »Ich glaube, du weißt nicht, wen du vor dir hast? Vor dir ist ein Mensch, der dich jederzeit töten kann, ohne mit der Wimper zu zucken.«
Da schaute der Mönch auf und antwortete: »Ich glaube, du weißt nicht, wen du vor dir hast! Vor dir sitzt ein Mensch, der jederzeit sterben kann, ohne mit der Wimper zu zucken!«

Nicht-besitzen-Wollen befreit

Was diese Geschichte mit »Nicht-besitzen-Wollen« zu tun hat? Sehr vieles. Auf der einen Seite ein vermeintlich mächtiger General, voller Gier nach Macht und Anerkennung. Er ist wie die Person vom Anfang des Kapitels und glaubt die Macht zu besitzen, dem anderen seinen Willen aufdrängen zu können mit der Drohung, ihm alles zu nehmen. Sogar dessen Leben. Ihm gegenüber ein meditierender Mönch. Es gibt nichts auf dieser Welt, was der General ihm wirklich nehmen kann. Er ist so sehr enthaltsam, dass er nicht einmal an seinem Leben hängt, dass er bereit ist, auch dieses zu geben, ohne mit der Wimper zu zucken. Wie weit mag die Macht des Generals gereicht haben?
Es ist eine alte Weisheit, dass Gier einen Menschen berechenbar macht. Unsere Gier gibt anderen Menschen die Möglichkeit, Macht über uns auszuüben. Wäre dem General nicht ebenjener enthaltsame Mönch, sondern ein Mensch wie Sie und ich gegenübergesessen, wie wäre die Geschich-

te wohl dann ausgegangen? Zumindest hätte der General wohl seinen Willen erreicht.

Erwartungen machen manipulierbar

Nun ist Begierde wie auch »Nicht-besitzen-Wollen« nicht etwas, das unbedingt mit materiellen Dingen zu tun hat. Es würde schon reichen, dass Sie mir einen schönen Tag wünschen und ich einfach darauf nicht reagiere. Nicht nur nicht einen mindestens ebenso schönen Tag zurückwünsche, sondern einfach tue, als hätten Sie nichts gesagt. Sie würden sich über mein Verhalten ärgern, weil Sie eben eine Reaktion erwartet haben. Wollte ich Sie also provozieren, damit Sie später in Ihrem Ärger einen Fehler machen, ich wüsste also genau, wie ich es anstellen müsste. Genauso macht Begierde erpressbar. Wenn Sie nicht tun, was ich möchte, nehme ich Ihnen das und das weg. Ihr Geld, Ihr Auto, Ihren Arbeitsplatz.

Natürlich weiß auch ich, dass man von etwas leben muss, aber wie weit darf man dafür gehen? Als einmal ein Sturm über die Stadt, in der ich lebe, hinweggefegt ist, hatte auch ein Kranführer Dienst. Der Sturm hatte sich zu einem Orkan ausgewachsen, und der Mann sitzt oben am Kran und versieht Dienst. Der Chef hat ihm verboten, den Arbeitsplatz zu verlassen, die Baustelle muss fertig werden. Es kommt, wie es kommen muss. Der Sturm ist stärker als der Kran, und dieser kippt um. Der Mann am Kran ist sofort tot. Warum, so habe ich mich oft gefragt, hat er seine Arbeit über die Gefahr gestellt, sein Leben zu verlieren? Wer anderen etwas geben kann, hat Macht. Da unterscheiden sich die Menschen nicht von den Tieren.

»Um ein wildes Tier zu zähmen«, hat mir ein alter Indianer einmal erzählt, »musst du es in eine Grube sperren und dort hungern lassen. Wenn es fast verhungert ist, gehst du hin und fütterst es. Es muss dich dabei unbedingt sehen. Das Tier wird dir sein Leben lang nicht mehr von der Seite weichen.« Wer anderen etwas nehmen kann, hat noch mehr Macht. Es geht hier nicht um Räuber oder Diebe, die sich an dem bereichern, das sie anderen nehmen. Wer etwas nimmt, um Macht auszuüben, hat kein Interesse an der Sache selbst – für die hat er kaum Verwendung. Wer der Macht wegen nimmt, nutzt die Gier des Gegners, um sein Ziel zu erreichen.

Wem man nichts nehmen kann, über den bekommt auch der stärkste Gegner keine Macht.

So war für die berühmten Krieger Japans, die Samurai, der Tod nicht etwas, das sie zu fürchten hatten. Der Tod galt als Teil des Lebens und nicht als Widerspruch zu jenem. Das »Jenseits-von-Leben-und-Tod-Gehen« galt als Teil jeden Kampfes, sein Leben im Schwertkampf zu verlieren als eine große Ehre. Wie dem meditierenden Mönch konnte auch diesen Elitesoldaten niemand etwas nehmen. Die Kampfkraft der Samurai ist bis heute legendär.

WAS IST UNVERZICHTBAR?

- Schreiben Sie jetzt in Ihr Heft hinein, worauf Sie in Ihrem Leben auf keinen Fall verzichten könnten. Finden Sie etwa zehn Begriffe, und lassen Sie nach jedem eine halbe Seite Platz.
- Jetzt schreiben Sie bitte die Ziffer 1 unter jeden Begriff und notieren dazu, warum Sie meinen, ausgerechnet darauf nicht verzichten zu können. Warum brauchen Sie es? Seien Sie unbedingt ehrlich: Wenn Sie das neue Auto brauchen, um die Kollegen in der Firma zu beeindrucken, dann schreiben Sie das auf.
- Unter Ziffer 2 vermerken Sie, was Sie für diesen Besitz hergeben mussten. Notieren Sie keine Geldsummen, sondern z. B. Arbeitsstunden, das alte Auto oder einen Teil Ihrer Lebenszeit.
- Unter Ziffer 3 schreiben Sie jetzt bitte auf, was genau sich in Ihrem Leben ändern würde, wenn Sie es nicht hätten. Worin genau bestünde Ihr Nachteil, würde es entwendet? Um beim Auto, das die Kollegen beeindrucken soll, zu bleiben: Was wäre anders, könnten Sie diesen nicht mehr imponieren?
- Und ist der Vorteil, den Sie dadurch erhalten, die Angst wert, das Auto könnte zerkratzt, bei einem Unfall zerstört oder gestohlen werden? Notieren Sie die Antwort auf diese Frage als Punkt 4.
- Bringen Sie die Liste jetzt in eine Reihenfolge. Numerieren Sie das Wichtigste mit 1 und so fort. Lesen Sie bitte erst weiter, wenn Sie damit fertig sind.

Sie werden feststellen, dass ich es bei der Beschreibung dieser Aufgabe vermieden habe, in irgendeiner Form die Worte »Sache« oder »Ding« zu verwenden. Wo auf Ihrer Liste steht jetzt etwas, das Ihnen niemand nehmen kann? Gefühle wie Freude oder Liebe? Gute Gespräche? Echte Freunde und Menschen, die Ihnen nahestehen?

Ich erinnere mich gut an eine Situation, als mich ein dreister Dieb von all meinen Besitztümern getrennt hatte. Ich war im Ausland unterwegs und hatte von einer Minute auf die andere nichts mehr außer Flugticket und Reisepass. Kein Geld, keinen Schlafsack, kein Gewand, einfach nichts. Nichts mehr zu haben war zuerst einmal ein sehr eigenartiges Gefühl. Man fühlt sich plötzlich nackt und orientierungslos. Menschen gehen an einem vorbei und haben ein Zuhause, sauberes Gewand und genug Geld, um sich alles zu kaufen. Man meint, dass jeder sehen kann, dass man nichts mehr besitzt.
Nachdem ich mich aber mit dem Gedanken abgefunden hatte, meine Situation nicht ändern zu können, waren es die unbekümmertsten Wochen meines Lebens. Ich konnte schlafen, wo ich wollte, ohne wie alle anderen mein Gepäck an die Beine binden zu müssen vor Angst, es könnte gestohlen werden. Menschen, denen ich meine Geschichte erzählte, haben geholfen, wo sie konnten. Wer kein Geld geben konnte, hat Essen gebracht oder saubere Wäsche oder auch nur gute Wünsche. Ich war frei wie nie zuvor in meinem Leben. Damals habe ich verstanden, wie wenig man eigentlich im Leben wirklich braucht.

Entrümpeln Sie Ihr Leben

Auch ohne gleich alles herzugeben, kann man sein eigenes Leben entrümpeln. Man kann nur »von der äußeren Ordnung zur inneren kommen«, wie die Reformpädagogin Maria Montessori sinngemäß gesagt hat.
Wie viele Dinge, von denen Sie sich eigentlich schon lange trennen wollen, stehen noch in Ihrer Wohnung herum?

Sachen, die Sie nur deshalb nicht wegwerfen, weil es doch Geschenke, Mitbringsel oder was auch immer sind? Falls Ihr schlechtes Gewissen der einzige Grund für den Verbleib dieser Dinge in Ihrer Umgebung ist, werfen Sie sie weg. Jetzt. Die anderen verstellen sich auch nicht ihren Lebensraum. So Sie zu den Menschen gehören, die beim Ausmisten alles dreimal umdrehen, um es dann wieder zurückzulegen, weil sie es ja vielleicht doch noch irgendwann brauchen können, werden Sie radikal. Alles, was Sie bis jetzt nicht vermisst haben, werden Sie auch in der Zukunft nicht brauchen, und es kann weg.
Das Bedürfnis nach Besitz ist ein ewiger Kampf, bei dem es wenige Gewinner und viele Verlierer gibt. Als Sieger aus einem solchen Kampf geht letztlich hervor, wer seine Begierde besser verbergen kann.

Wer nach der Gier seines Gegners zielt,
trifft diesen an der verwundbarsten Stelle.

Um seinen Profit zu erhöhen, möchte ein Arbeitgeber, dass ein sehr qualifizierter Mitarbeiter unbezahlte Überstunden macht. Er braucht diese Mehrleistung, da viele Kunden nur wegen dieses speziellen Angestellten kommen. Also droht er dem Arbeitnehmer mit Kündigung, sollte dieser seiner Forderung nicht nachkommen. Geht der Mitarbeiter jetzt aus Angst um seinen Arbeitsplatz auf die Forderungen des Chefs ein, hat er den Kampf bereits verloren. Wissend um die Schwäche seines Angestellten, wird der Arbeitgeber mehr und mehr Forderungen stellen, um noch mehr Geld aus diesem herauszuholen. Immer mit der unausgesprochenen Drohung der Kündigung. Irgendwann aber wird der

Druck auf den Mitarbeiter so groß sein, dass dieser freiwillig das Unternehmen verlässt. Beide haben verloren. Hätte der Arbeitnehmer aber die Möglichkeit gehabt, einen Schritt zurückzutreten und die Situation ohne irgendein Bedürfnis zu überblicken, der Kampf wäre anders ausgegangen. Er hätte nämlich die Gier seines Vorgesetzten erkannt und wäre sich seines eigenen Wertes bewusst geworden. Wieso soll man jemanden kündigen, den man so dringend braucht? Der eigenen Gier nachzugeben und bei dieser Gelegenheit gleich ohne Gegenleistung eine Gehaltserhöhung zu verlangen wäre vielleicht keine gute Idee. Eine für beide Seiten befriedigende Lösung und ein Bonus beim Arbeitgeber schon eher.

Auch jemand, der Ihnen einredet, das teurere Gerät, das Sie zwar überhaupt nicht brauchen, aber sehr gerne hätten, wäre in jedem Fall das bessere, nutzt Ihre Gier. Und verschleiert damit seine eigene. Verloren haben Sie spätestens zu dem Zeitpunkt, an dem Sie erkennen, dass der Kauf tatsächlich unnötig war. Schreiben Sie bitte fünf Dinge in Ihr Heft, bei denen Sie auf diese Art verloren haben.
Kennen Sie die berühmte Frage, was Sie sich wünschten, hätten Sie einen Wunsch frei? Genau diese stelle ich jetzt Ihnen. Überlegen Sie bitte kurz, und schreiben Sie diesen Wunsch in Ihr Heft.

Viele Menschen, und da gehören Sie vielleicht dazu, wünschen sich Reichtum. Immer kaufen können, was man möchte, ohne dabei an den Kontostand denken zu müssen. »Der XY hat so viel mehr Geld als ich. Ich möchte einfach nur so viel Geld haben wie er.« Drehen wir das Ganze einmal um. Sie leben in einem verhältnismäßig reichen Land und haben im Monat mehr Geld zur Verfügung als viele andere Menschen in einem Jahr. Für diese Menschen sind also Sie der reiche XY, zu dem die anderen aufschauen. Sind Sie deshalb wirklich um so vieles glücklicher? Ich habe auf meinen Reisen Menschen kennengelernt, die wirklich nur das Nötigste zum Leben hatten. Und trotzdem hatten sie so viel Glück und Freude in sich, dass sie sogar mir noch etwas davon gegeben haben. Im Prinzip der Gegenwart haben Sie gelernt, im Hier und Jetzt zu leben. Lassen Sie mich die Frage also anders stellen. Womit haben Sie in genau diesem Moment Freude? Was macht Sie gerade jetzt glücklich? Sie werden wahrscheinlich erstaunt feststellen, dass es sich um nichts Materielles handelt.

Nehmen Sie Ihr Heft zur Hand. Schreiben Sie als Überschrift »Was ich besitze, das man für Geld nicht kaufen kann«. Finden Sie wieder mindestens zehn Begriffe, und notieren Sie diese darunter. Wissen Sie jetzt, wie reich Sie eigentlich sind?

Die Sucht nach Aufmerksamkeit

Auch die übermäßige Begierde nach Aufmerksamkeit und Zuwendung ist in den Händen eines Gegners ein gefährliches Mittel. Wie viele Menschen zweifeln mittlerweile an der Berechtigung ihrer Existenz, wenn sie nicht mindestens alle fünf Minuten per Handy, Mail oder persönlich verlangt werden? Wie viele können nicht mehr leben, ohne ständig vermittelt zu bekommen, wie sehr sie beruflich gebraucht werden? Arbeiten bis zum Umfallen, noch mehr Überstunden, so viel Stress, so viel zu tun. Ich muss die ganze nächste

Woche früher beginnen, wir haben so viel zu tun! Natürlich unentgeltlich. Mein Chef braucht mich doch! Und reibt sich ob solcher Mitarbeiter die Hände.
Diese Menschen werden von jenen manipuliert, zu denen sie aufschauen und die ihnen die ersehnte Aufmerksamkeit vortäuschen. Sie merken nicht, dass sie ausgenutzt werden und langfristig mehr verlieren, als sie gewinnen.

Akzeptanz ist kein Verzicht

Das Shaolin-Prinzip lehrt uns, dass Nicht-besitzen-Wollen nicht bedeutet, auf Dinge zu verzichten. Es ist kein Tausch, kein Opfer, um dafür etwas anderes zu bekommen. Es ist eine Veränderung im Wollen.
Nach diesem Prinzip zu leben bedeutet, die Dinge so zu akzeptieren, wie sie sind, und sich auch wirklich nicht anderes zu wünschen. Es bedeutet, das Kommen wie das Gehen zu akzeptieren, das Siegen wie das Verlieren.

Das Prinzip des Nicht-besitzen-Wollens lehrt uns, Dinge zu tun, weil wir sie tun wollen, und nicht, um dafür eine Gegenleistung zu bekommen.

Es ist keine Technik für den Angriff, sondern dient der Verteidigung. Wer dieses Prinzip wirklich beherrscht, ist für die meisten Gegner unangreifbar. Wenn Sie also das nächste Mal jemandem einen schönen Tag wünschen, erwarten Sie einfach wirklich nichts.

LASTEN ABWERFEN

Die folgenden Fragen sollen Ihnen ein Gefühl dafür geben, wie reich Sie eigentlich wirklich sind. Und dafür, dass auch Sie Besitzen-Wollen verletzbar macht.

Was ist für Sie ein Freund?

....

Auf die einsame Insel: Welche drei Dinge nehmen Sie mit?

....

Eben dorthin: Welche drei Personen nehmen Sie mit?

....

Und schließlich: Welche drei Begabungen nehmen Sie mit?

....

Würde Ihnen plötzlich absolut alles, was Sie besitzen, gestohlen: Was wäre Ihr erster Wunsch?

....

Wer hat Macht über Sie, weil er Ihnen etwas geben kann?

....

Warum geben Sie dieser Person diese Macht?

....

Teil 2

Lerne, stark zu sein

Ein Mensch, der in allem gut sein will,
muss unweigerlich unter so vielen,
die nicht gut sind, scheitern.
Er muss deshalb lernen, wie man
nicht gut ist, und dieses Wissen
dann gebrauchen oder nicht gebrauchen,
je nachdem es der Anlass gebietet.

(Niccolò Machiavelli)

Lächle, und vergiss es.

(aus China)

5. Das Prinzip der Gelassenheit

Gelassenheit ist eine anmutige Form
des Selbstbewusstseins.
(Marie von Ebner-Eschenbach)

Lerne, dich nie zu einer Handlung hinreißen zu lassen

Ein junger Zen-Mönch, so erzählt man sich in Shaolin, hatte den Auftrag, einen wichtigen Brief zu überbringen. Auf seinem Weg musste er eine Brücke überqueren, doch als er diese erreichte, stand dort ein erfahrener Samurai. Dieser hatte den Schwur geleistet, die ersten hundert Männer, die die Brücke überqueren wollten, im Zweikampf herauszufordern. Neunundneunzig hatte er bereits getötet. Der Mönch bat den Samurai, er möge ihn passieren lassen, weil er einen sehr wichtigen Brief zu überbringen habe. Gleichzeitig versprach er aber auch, zurückzukommen und mit dem Samurai zu kämpfen, sobald er den Brief übergeben habe. Der Samurai zögerte zunächst, willigte dann aber ein, und der Mönch konnte seine Reise fortsetzen.
Nachdem er den Brief übergeben hatte, suchte der Mönch, in der Gewissheit, bald sterben zu müssen, seinen Meister auf, um sich von ihm zu verabschieden.
»Ich muss mit einem großen Samurai kämpfen, und ich habe noch nie ein Schwert in den Händen gehalten. Er wird mich gewiss töten.«

»In der Tat«, antwortete der Meister, »du wirst sterben, denn du hast keine Chance, zu siegen. Also werde ich dich die beste Art zu sterben lehren: Du hebst dein Schwert über deinen Kopf, hältst die Augen geschlossen und wartest. Wenn du auf deinem Scheitel etwas Kaltes spürst, so ist das der Tod. In diesem Moment lässt du die Arme und alles, was du glaubst zu besitzen, fallen. Das ist alles.«

Der ungleiche Kampf

Der Mönch verneigte sich vor seinem Meister und ging zurück zu der Brücke, wo der Samurai ihn bereits erwartete. Die zwei machten sich zum Kampf bereit.

Der Mönch tat genau das, was ihm sein Meister geraten hatte. Er nahm sein Schwert in beide Hände, hob es über den Kopf, schloss die Augen und wartete völlig regungslos. Dies überraschte und verwirrte den Samurai zutiefst, da die Haltung seines Gegners keinerlei Angst widerspiegelte. Misstrauisch geworden, näherte er sich vorsichtig dem Mönch, der völlig ruhig stand, allein auf seinen Scheitel konzentriert.

Der Samurai dachte: Dieser Mann ist offensichtlich außergewöhnlich stark. Er hatte den Mut, zurückzukehren und mit mir zu kämpfen. Der Mönch stand immer noch regungslos da. Der Samurai wurde immer ratloser, und plötzlich war er sicher: Dieser Mann ist ohne Zweifel ein ganz exzellenter Krieger. Er nimmt von Anfang an eine Angriffsstellung ein und schließt dann auch noch seine Augen!

Der Mönch hatte inzwischen den Samurai völlig vergessen. Vollkommen darauf konzentriert, den Rat seines Meisters zu befolgen und würdig zu sterben, stand er da, losgelöst und befreit von allen weltlichen Dingen. Der Samurai war inzwischen zur Gewissheit gelangt, dass er bei der geringsten Bewegung seinerseits zweigeteilt würde, und begann schließlich mit weinerlicher Stimme zu sprechen: »Bitte habt Mitleid mit mir, und tötet mich nicht. Ich dachte, Meister der Schwertkunst zu sein, aber jetzt weiß ich, dass ich heute einen wahren Meister getroffen habe. Bitte nehmt mich als euren Schüler an, und lehrt mich den Weg der Schwertkunst.«

Gelassenheit ist eine Waffe

Vielleicht überlegen Sie jetzt, wie ein Mönch, der nichts tut als stehen und auf seinen Tod warten, ein guter Lehrer des Weges der Schwertkunst sein kann. Und vielleicht überlegen Sie jetzt noch viel mehr, warum ich Ihnen, nachdem ich Sie vier Kapitel lang zum Handeln aufgefordert habe, ausgerechnet eine solche Geschichte erzähle.

Tut denn der Mönch nicht genau etwas, das wir eben nicht tun sollen? Nichts tun und warten? Hätte er nicht voller Entschlossenheit auf den Samurai losstürmen sollen und zumindest versuchen, sein Leben im Kampf zu retten? Nein. Genau das hätte in diesem Fall seinen sicheren Tod bedeutet.

Rekapitulieren wir die Geschichte noch einmal. Ein Zen-Mönch, der noch nie ein Schwert geführt hat, steht einem sehr erfahrenen Meister im Schwertkampf gegenüber. Er kann einen konventionellen Kampf unter keinen Umständen für sich entscheiden. »Bleib gelassen«, hat ihm sein Meister geraten, »fürchte dich nicht, und tue nichts.« Er befolgt den Rat und ebendiese Gelassenheit, dieses Nicht-Tun, das den Samurai zu einem falschen Urteil verleitet, rettet dem Mönch schließlich das Leben. Er hat einfach die Positionen vertauscht und damit den Samurai zum Handeln gezwungen. Wer aber jetzt meint, der Mönch hätte einfach nichts getan und deshalb gesiegt, der irrt.

Das Shaolin-Prinzip der Gelassenheit lehrt uns, dass auch das bewusste Nicht-Tun ein wirksames Mittel zu unserer Verteidigung sein kann. Wenn wir es denn mit der richtigen Entschlossenheit einsetzen.

Die Kunst der Selbstbeherrschung

Echte Gelassenheit ist eine Fähigkeit, die den meisten Menschen im Laufe ihres Lebens abhandenkommt. Viele beginnen zu reagieren, bevor sie überhaupt noch die gesamte Situation kennen. Sei es aus Zorn, Gewohnheit oder vorauseilendem Gehorsam. Wer aber keine Gelassenheit in sich hat, ist berechenbar. Man hört oft im Zusammenhang mit der asiatischen Kampfkunst, dass die Kämpfer die Kraft des Gegners gegen diesen selbst verwenden.

Speziell wenn der Gegner aufgebracht oder gerade so richtig zornig ist, kann die eigene Gelassenheit zu einer sehr mächtigen Waffe werden. »Kannst du nicht erkennen, wie der Gegner herauskommen will, brauchst du nur einen plötzlichen Ausfall gegen ihn zu unternehmen, und er wird dir mit seinem Langschwert zeigen, welches seine wahren Absichten sind«, schreibt Musashi.

Ein Ausfall bedeutet in diesem Fall übrigens keinen Angriff, sondern einen schnellen Schritt in Richtung des Gegners. Ein Bluff also. Wäre der Gegner aber wirklich gelassen, bereit, auf die Situation eben in der Situation zu reagieren und nicht nach einem vorher festgelegten Plan zu handeln, gäbe es auch nichts, was er verraten könnte. Ein Ausfall in seine Richtung ist ja keine tatsächliche Bedrohung und daher kein Grund für irgendeine Reaktion. Er könnte reglos dastehen und gelassen erkennen, dass offensichtlich Sie nicht wissen, was er vorhat. Mit diesem Wissen könnte er dann selbst agieren. In Wirklichkeit ist die Sache aber umgekehrt. Ihr Gegner hat einen Plan und wartet nur auf ein Signal oder einen Grund, diesen auszuführen. Würde sich die Situation auch ändern, er hätte keinerlei Möglichkeit mehr, seine Handlungen anzupassen. Zu sehr ist er auf seine Vorgehensweise konzentriert.

Den Gegner aus der Reserve locken

Im Shaolin Kung-Fu kennt man Täuschungsmanöver, die ich als »Scheinangriffe« bezeichne. Das bedeutet aber nicht, nur so zu tun, als würde man zuschlagen, sondern den Gegner aus der Reserve zu locken und ihn zu einem Fehler zu provozieren.

Nehmen wir an, der Kämpfer möchte seinem Kontrahenten mit der rechten Faust gegen die Brust schlagen. Tut er das direkt, wird der andere die Absicht erkennen und den Schlag abwehren. Der Angreifer muss also die mangelnde Gelassenheit seines Gegners nutzen.

Mit der linken Hand führt er einen in Wirklichkeit sehr leichten Schlag gegen den Kopf seines Gegenüber. Dieser verliert daraufhin die Ruhe und wird versuchen, den hoch geführten Schlag abzuwehren. Dabei gibt er die Deckung seines Brustbereiches auf. Genau dort trifft ihn dann der

hart geführte Schlag der Rechten. Natürlich kann man diese Technik nicht nur im Faustkampf anwenden.
Auch wer bei der Abwehr gezwungen wird, emotional zu handeln, erleidet daher fast immer eine Niederlage.

Jede Verteidigung aus einer Emotion heraus vernebelt den Blick auf die wahren Absichten des Angreifers.

Gute Kämpfer wenden die Technik der »Scheinangriffe« an, wo immer es möglich ist. Sie bringen ihre Gegner in eine Situation, wo diese sich emotional verteidigen wollen und ihre Gelassenheit verlieren.
Sagen wir beispielsweise, ich möchte wissen, wo Sie den gestrigen Abend verbracht haben, Sie möchten es mir aber nicht sagen. Eine direkte Frage würden Sie also erkennen und sofort abblocken. Daher beschuldige ich Sie einer beliebigen Sache, die ich frei erfinde. Ich könnte zum Beispiel behaupten, Sie hätten mit Ihrem Auto irgendwo ein anderes beschädigt. Mit echter Gelassenheit würde ich sagen, dass es »mir ja egal ist, was da wirklich war. Irgendein Zeuge behauptet eben, dass Sie da wo hineingefahren sind.«
Die Diskussion, bei der Sie meinen, Sie wären es nicht gewesen, würde sich aufheizen:
Wer sonst sollte es denn gewesen sein? Sie sind eben ein schlechter Autofahrer.
Nein, sind Sie nicht.
Natürlich sind Sie das. Sonst wäre das ja nicht passiert.
Bis Sie mir dann irgendwann erklären, dass Sie es nicht gar nicht gewesen sein können, weil Sie den ganzen Abend über bei XY waren. Der wohnt schließlich so nahe, dass Sie das Auto gar nicht brauchen, um dorthin zu kommen. Sie

sind also gestern nicht gefahren. »Ach, bei XY waren Sie?« Gewonnen. Das Auto ist ab jetzt kein Thema mehr.

Jede Täuschung beruht darauf, dass der Gegner die Nerven verliert und urteilt, bevor er die Tatsachen kennt. Selbst wenn Sie wirklich mit dem Auto einen Schaden verursacht hätten, könnte mir das völlig egal sein und ginge mich nichts an. Wären Sie gelassen geblieben und auf meinen Scheinangriff nicht eingestiegen, hätten Sie gesagt: »Dann wird ja der Betroffene wohl Anzeige erstattet haben! Ich weiß, dass ich es nicht gewesen bin.« Und ich hätte nichts weiter erfahren.

Ein Busfahrer hat mir einmal erzählt, dass er mit seinem Bus auf einer sehr steilen Straße bergauf anhalten musste. Als er wieder anfahren möchte, rutscht, warum auch immer, der Bus ein kleines Stück zurück, und der Fahrer hört das schlimme Geräusch von splitterndem Glas. Er schaut in den Rückspiegel und sieht hinter seinem Bus einen Mercedes mit zerbrochenem Blinkerglas und beschädigter Stoßstange. Er steigt aus, überlegt, wie er dem anderen seinen Fehler erklären wird, und geht nach hinten zu dem beschädigten Auto. Als er gerade mit seiner Entschuldigung beginnen möchte, den Sekundenbruchteil bevor er den Mund aufmachen kann, setzt der Lenker des Mercedes an und sagt: »Wissen Sie, es tut mir schrecklich leid. Ich wollte bergauf anfahren und bin da von der Kupplung abgerutscht und von hinten in Ihren Bus hinein ...«

Aufgeben vor dem Kampf

Eine andere Erscheinungsform der Nichtgelassenheit ist der vorauseilende Gehorsam, der Menschen oft in größte

Schwierigkeiten bringen kann. Stellen Sie sich vor, Sie fahren mit dem Zug und merken, dass sich der Schaffner Ihrem Platz nähert. Eigentlich ist er in Eile und ohne Interesse, die Fahrausweise zu kontrollieren, da der Zug bereits den Endbahnhof erreicht. Sie aber beginnen in Ihrer Tasche zu kramen, um Ihre Monatskarte zu zeigen. Plötzlich bemerken Sie, dass Sie diese zu Hause vergessen haben.
Da Sie das Interesse des Schaffners geweckt haben, bleibt er jetzt stehen, will den Ausweis sehen und kassiert eine empfindliche Strafe. Wären Sie gelassen geblieben, der Schaffner wäre an Ihnen vorbeigegangen, und Sie hätten sich eine teure Lektion gespart. Denn schwarzgefahren sind Sie ja nicht.

Die Angst des Gegners zur Waffe machen

Ein wirklich guter Kämpfer kann aber aus der fehlenden Gelassenheit der meisten seiner Mitmenschen noch weit mehr herausholen. Er muss dazu selbst nicht einmal wirklich etwas tun. Er nutzt einfach die Angst seiner Kontrahenten. Natürlich ist Angst manchmal wichtig, aber in den meisten Fällen ist sie Ihr größter Feind.
Gehen wir nochmal zurück in unseren Zug. Gehen wir diesmal davon aus, dass Sie wissen, dass Ihre Monatskarte zu Hause liegt. Ohne dieses Wissen würden Sie den Schaffner gelassen kommen und gehen sehen und er Sie genauso dort sitzen. So aber wird er Ihre Angst vor seiner Kontrolle bemerken. Er wird Ihre Nervosität sehen und spüren, dass Sie offensichtlich etwas zu verbergen haben. Ein freundliches »Darf ich mal Ihren Fahrausweis sehen, bitte …?« wäre die logische Folge.

Wo es um Angst geht, sind wir Menschen den Tieren sehr ähnlich. Wir riechen sie förmlich. Ein riesiger Elefant lässt sich von einem kleinen Menschen dirigieren, solange der keine Angst zeigt. Zeigt aber der gleiche Mensch einem kleinen Hund, dass er sich vor ihm fürchtet, wird das Tier plötzlich laut, aggressiv und gefährlich. Ähnlich verhält es sich mit Menschen, die grundlos drohen, sich beim Vorgesetzten zu beschweren. Was diese hören möchten, ist ein ängstliches »Bitte, tun Sie das nicht«. Damit merkt der Drohende, dass er Macht über den Gegner bekommt, und wird seine Drohung schon wahr machen, um seine Position zu stärken.
Was aber, wenn er stattdessen zu hören bekommt: »Das ist eine gute Idee! Ich habe erst gestern mit meinem Chef über Leute gesprochen, die offensichtlich niemand sind, wenn sie nicht drohen können. Die Mail-Adresse haben Sie?« Ob der Chef jetzt tatsächlich so umgänglich ist oder nicht, tut hier nichts zur Sache. Die Mail wird ihn nie erreichen.

Wer seine Angst vor dem Gegner im Griff hat,
hat den Kampf bereits zur Hälfte für sich entschieden.

»Das Schwert des Gegners bis auf den Grund erkennen …« Sie erinnern sich? Wer sich von den Bewegungen ablenken lässt und, schlimmer noch, auf diese reagiert, kann leicht manipuliert und damit besiegt werden.

WIE LEICHT SIND SIE MANIPULIERBAR?

Ich will Ihnen jetzt ein Beispiel geben, dass auch Sie manipulierbar sind und das tun, von dem Sie glauben, dass es von Ihnen erwartet wird. Konzentrieren Sie sich jetzt bitte vollkommen auf die folgende Aufgabe, und lesen Sie nicht weiter, bis Sie diese gelöst haben: Auch wenn Sie das Rätsel schon kennen oder nicht gerne rechnen, machen Sie bitte mit. Die Lösung steht unten, also bitte nicht nachschauen. Bereit? Gut.

Die Busfahrt: In einem Bus sitzen sieben Personen. Bei der ersten Station steigen vier Fahrgäste aus und drei ein. Beim nächsten Halt steigt niemand aus und zwei Leute steigen zu, dann steigen drei Leute aus und acht ein. Sind Sie noch dabei? Der Bus fährt weiter zur nächsten Station, wo neun Personen zu- und vier aussteigen, einen Halt weiter steigen zwei aus und fünf ein. Beim nächsten Stopp verlassen sechs Fahrgäste den Bus. Er erreicht die Endstation, und alle Fahrgäste steigen aus.

Können Sie mir jetzt sagen, wie oft der Bus gehalten hat? Vermutlich nicht. Schließlich haben Sie ja angenommen, nach der Anzahl der verbleibenden Fahrgäste gefragt zu werden, oder? Ich hätte Sie aber genauso gut fragen können, was Sie gestern zu Mittag gegessen haben oder was Ihre Lieblingsfarbe ist. Mein Ziel hätte ich jedenfalls erreicht.
Ich habe Sie mit keinem Wort aufgefordert zu rechnen, aber Sie haben es getan. Und ich habe damit Ihre Konzentration von den anderen Dingen abgelenkt. Wären Sie gelassen gewesen, Sie hätten einmal die ganze Frage angehört oder gelesen, ohne irgendetwas zu tun.

- Überlegen Sie einmal für sich selbst, warum Sie gerechnet haben. Was hätte passieren können, wenn Sie es nicht getan hätten? Wovor hatten Sie Angst?
- Schreiben Sie bitte noch drei Situationen aus Ihrem Leben dazu, in denen Sie ähnlich reagiert haben, und drei, in denen es Ihnen passieren könnte.

Menschen, die nicht gelassen sind, sind aber noch viel mehr verwundbar. Man kann ihnen nicht nur Ihre Konzentration nehmen, sondern sie auch zu Handlungen provozieren. Ein Beispiel: Lesen Sie jede Frage, und beantworten Sie diese spontan, bevor Sie zur nächsten übergehen. Bitte sprechen Sie jetzt Ihre Antworten laut und deutlich. Ich werde nämlich versuchen, Sie dazu zu bringen, dass Sie »blau« sagen, ohne es zu wollen. Beginnen wir:

- Welche Farbe hat Gras?
- Welche Farbe die Sonne?
- Welche Ihre Haut?
- Welche Farbe haben Rosen?
- Welche hat Löwenzahn?
- Welche Farbe hat Erde?

Haben Sie jetzt »braun« gesagt? Das war abzusehen. Aber ich habe Ihnen ja gesagt, Sie würden »braun« sagen, ohne es zu wollen.
Und haben Sie jetzt gedacht, »braun« hätte ich sagen dürfen, nur nicht »blau«? Dann habe ich Sie jetzt dazu gebracht, »blau« zumindest zu denken. Und wäre ich Ihnen gegenübergesessen, Sie hätten es gesagt.
Provoziere deinen Gegner, und er wird sich und seine Absichten verraten. Nimm ihm seine Gelassenheit, und er wird tun, was er eigentlich gar nicht möchte.

Ein guter Kämpfer, so sagt man in Shaolin, ist nicht zornig. Und er sollte es tatsächlich nicht sein. Denn wann lässt man sich am leichtesten dazu hinreißen, etwas zu tun oder zu sagen, das einem nachher so richtig leidtut? Wann hat man die geringsten Hemmungen, dem Vorgesetzten, Partner oder wem immer einmal so richtig die augenblickliche Meinung zu sagen? Dem anderen Sachen an den Kopf zu werfen, die man zwar tatsächlich nicht so meint, die dann aber eine Ewigkeit im Raum stehen? Und wann verbaut man sich in der kürzest möglichen Zeit die meisten Chancen in seinem Leben? Gibt dem gelassenen Gegner am besten die Möglichkeit, die eigene Kraft gegen einen selbst zu richten? Richtig. Wenn man so richtig zornig ist. Wenn man blind ist vor Wut, wie das so schön heißt. Natürlich haben Zorn und Wut im Sinne des Überlebens durchaus in ausgewählten Fällen ihre Notwendigkeit. Sie können sogar manches Mal die Entschlossenheit unterstreichen. Aber besser kämpft man ohne sie.

Ein wütender Mensch hat Gewalt.
Aber er hat keine Kontrolle über die Situation
und die Konsequenzen seines Handelns.

Wenn Sie einmal voller Zorn irgendetwas an die Wand geschleudert haben, dann ist es kaputt. Egal, wie sehr sie es nachher bereuen. Und ungesagt machen kann man auch nichts. Abgesehen davon, tötet Ärger nur die eigene Energie und geht gegen einen selbst.
Wahrscheinlich kennen Sie die folgende Situation nur zu gut: Sie fahren mit dem Auto auf einer engen Straße und werden plötzlich vom nebenan fahrenden Autofahrer ziem-

lich rücksichtslos geschnitten. Es ist zwar nichts passiert, aber das Manöver hätte schlimm enden können. Sofort beginnen Sie, dem Rowdy wild hinterherzuschimpfen, und regen sich so auf, dass Sie selbst fast in den Straßengraben fahren. Wieder etwas beruhigt, fragen Sie den Beifahrer, ob er das Kennzeichen des Überholers aufgeschrieben hat, da Sie das in Ihrem Ärger versäumt haben.

Hat er natürlich nicht. Sofort ist Ihr Zorn wieder da, diesmal jedoch gegen den unschuldigen Beifahrer gerichtet. Nach einiger Zeit erkennen Sie, dass Sie nicht richtig gehandelt haben, und entschuldigen sich beim Beifahrer, allerdings nicht ohne noch einmal Ihr Verhalten mit dem Vorwurf zu erklären, er hätte doch mitdenken können. Und schon ist Ihr Zorn wieder da.

Mit Wut verletzen Sie nur sich selbst

Und was haben Sie erreicht? Der Rowdy, dem Sie nachgeschimpft haben, sitzt bereits mit Kumpeln bei einem Bier. Es geht ihm gut, er weiß ja nichts von Ihrem Zorn. Ihr Beifahrer bemitleidet Sie ob Ihrer Aggressivität und genießt die vorbeiziehende Landschaft.

Und Sie? Sie haben erkennen müssen, dass sich Zorn immer nur gegen einen selbst richtet. In diesem Fall gegen Sie. Weil Sie selbst der Einzige sind, dem es schlecht geht. »Wenn ich da immer gelassen bleibe, dann schneidet der ja noch tausend andere, bis irgendwann einmal etwas passiert!«, könnten Sie jetzt sagen.

Aber: Was hat Ihre Schimpftirade geändert, außer dass Sie nicht einmal ein Kennzeichen wissen? Und dass es Ihnen selbst schlecht geht?

Ähnlich verhält es sich, wenn Ihnen der letzte Bus des Tages genau vor der Nase davonfährt. Sie können auf den Fahrer schimpfen, auf den Busbetreiber, die Stadt oder überhaupt das ganze Leben. Die Umstehenden werden Sie nur belächeln, und sonst wird niemand etwas mitbekommen. Der Fahrer nicht und der Geschäftsführer der Busgesellschaft nicht. Nur Sie selbst haben sich gerade viele Augenblicke Ihres eigenen Lebens genommen.

»Wenn du aufgebracht bist«, sagt man in Shaolin, »tue und sage nichts. Atme langsam ein und aus, und warte, bis dein Geist wieder ruhig und klar ist.«

Ein gescheiter Mensch hat einmal gesagt, dass jeder selbst dafür verantwortlich ist, wie es ihm oder ihr geht. Das gilt auch für Sie. Auch wenn Ärger manchmal durchaus seine Berechtigung hat, sollten Sie immer überlegen, worum es eigentlich geht. Wollen Sie schreien, weil Sie Dampf ablassen möchten, oder wollen Sie Dinge verändern? Schreien, um Dinge dauerhaft zu verändern, geht nicht. Ein zorniger Soldat schlägt nur wild um sich.

Das Prinzip der Gelassenheit lehrt uns, den Zorn und die Angst unserer Gegner in unseren Vorteil zu verwandeln. Es lehrt uns, auch in den aussichtslosesten Situationen gelassen zu bleiben und uns selbst zu keiner Handlung hinreißen zu lassen. Und wenn Sie das nächste Mal jemand herausfordert und Sie das Gefühl haben, die Kontrolle zu verlieren, dann lächeln Sie einfach. Und vergessen Sie es.

GELASSENHEIT IST LERNBAR

Auch Gelassenheit kann man also lernen. Ärger ist schließlich nur in Ihrem Kopf. Ich will Ihnen zeigen, wie das geht.

- Wenn Sie das nächste Mal fast zerplatzen vor Zorn oder aber vor Angst meinen, sofort handeln zu müssen, konzentrieren Sie sich auf Ihren Atem. Schenken Sie sich zehn Momente. Es entgeht Ihnen nichts in dieser Zeit. Langsam ein- und wieder ausatmen.
- Wenn Sie währenddessen das Bedürfnis packt, sofort loszustürmen und zu handeln, bezwingen Sie dieses Verlangen. Schlagen Sie auf die imaginäre Tischplatte, denken Sie »Aufhören!«, und atmen Sie ruhig weiter.
- Beginnen Sie dann, Ihren Körper zu fühlen (siehe S. 38 f.). Spüren Sie, wie Ihr Zorn nachlässt, wie Sie ruhiger werden?

»Schon, und Sie haben ja auch recht, aber …« Und schon geht es wieder los. Wieder siegt die Emotion über den Verstand. Wenn Sie also zu den Menschen gehören, die schwer aufhören können und deren Zorn immer wieder von neuem aufflammt, dann müssen Sie Ihre Abwehrtechnik etwas erweitern.

- Suchen Sie sich einen beliebigen Begriff. Das sollte etwas sein, an das Sie oft erinnert werden, zum Beispiel das Wort »Hand«.
- Dieser Begriff ist von jetzt an Ihr »Stoppwort«. Das heißt, wenn dieser Begriff fällt oder Sie an ihn denken, hören Sie sofort auf zu reden und unterdrücken alle »ja, aber« und »trotzdem finde ich's«. Einfach aufhören und denken: »Auch wenn ich anderer Meinung bin, egal. Ich höre einfach auf zu diskutieren.«
- Atmen Sie ruhig, bis Sie merken, dass der Drang vorbei ist.

Mit ein bisschen Übung kriegen Sie das hin, ohne dass irgendjemand etwas davon merkt.

KRAFT AUS DER RUHE SCHÖPFEN

Kennen Sie die Waffen, die Ihr Gegner gegen Sie verwenden kann? Und: Wissen Sie auch, welche Waffen Sie zur Abwehr zur Verfügung haben?

Was ist Ihr »Stoppwort«?

....

Schreiben Sie fünf Dinge auf, mit denen man Sie so richtig zornig machen kann.

....

In welcher Situation haben Sie sich das letzte Mal zu einer Handlung hinreißen lassen?

....

Welche Konsequenzen hatte diese Handlung am Ende?

....

Wann haben Sie das letzte Mal durch »vorauseilenden Gehorsam« einen Nachteil gehabt?

....

Wann hat sich eine Situation anders dargestellt, nachdem Sie bereits gehandelt hatten?

....

Hat Angst Sie schon einmal in eine unnötig unangenehme Lage gebracht?

....

Wenn du in Eile bist,
dann gehe langsam.
(aus China)

6. Das Prinzip der Langsamkeit

Über das Ziel hinauszuschießen ist ebenso schlimm, wie nie an das Ziel zu kommen. (Konfuzius)

Lerne, Eile mit Langsamkeit zu besiegen

Als mein Urgroßvater seinen ersten Schultag im Jahr 1896 beschreibt, erzählt er von einem »gutmütigen Grauschimmel, der unsere Kutsche zieht«. Es ist ein faszinierendes Bild, das im Kopf des Lesers entsteht. Mit Ruhe und Langsamkeit nähert sich das Kind mit seinem Vater der großen Stadt, die es noch nie gesehen hat. Sie passieren die Stadtmauern, durchqueren den Ort, der in Wirklichkeit mehr ein Dorf ist als eine Großstadt, und erreichen nach zwei Stunden Fahrt schließlich die Schule.

Mit einem modernen PKW hätten die beiden die Strecke wohl in zehn Minuten zurückgelegt. Was bei jener Generation, deren Leben einen großen Teil des vorigen Jahrhunderts umfasst hat, wohl den meisten Eindruck hinterlassen haben muss, war die unglaubliche Erhöhung der Geschwindigkeit. Denn plötzlich hatten die Kutsche und die damit verbundene Langsamkeit ausgedient.

Schon im zweiten Jahrhundert nach Christus kamen bei den Römern von Pferden gezogene Streitwägen zum Einsatz. Die Erhöhung der Anzahl der Pferde, die diesem Gefährt vorgespannt war, ermöglichte es zwar, die Leistung zu erhöhen, nicht aber dessen Geschwindigkeit. Auch die stärkste Kutsche konnte nicht schneller fahren, als die Pferde laufen konnten.

1800 Jahre lang galt das überschaubare Tempo der Kutsche als Maß der Dinge. Schneller ging eben nicht. Erst als die Industrie die Erhöhung der Geschwindigkeit als Geldquelle entdeckt hat, ging es Schlag auf Schlag. Auf die gemächliche Kutsche folgten Auto, Schnellzug, Flugzeug, Überschallflieger. Hauptsache schnell. Am besten zurück sein, bevor man überhaupt weggefahren ist. Auch in der Computertechnik gibt es ein berühmtes Gesetz. »Alle 18 Monate«, so hat Gordon Moore es 1965 vorhergesagt, »verdoppelt sich im Schnitt die Leistung der Mikroprozessoren.« Das heißt, vereinfacht gesagt, dass alle eineinhalb Jahre Computer doppelt so schnell sind wie ihre Vorgänger. Es bedeutet, dass Computer in fünfzehn Jahren tausendmal schneller sein werden als heute.

Das Leben hat sich beschleunigt

Geschwindigkeit ist zum Zauberwort unseres Zeitalters geworden. Schneller lesen, schneller lernen, schneller essen. Schneller in den Urlaub und schneller wieder zurück. Einfach schneller leben.

Und dann? In den letzten Jahren ist auch unsere Kommunikation schneller geworden. Hat früher einmal ein Brief zwei Tage in die eine und zwei Tage in die andere Richtung gebraucht, war da das Fax schon schneller. Brief schreiben und ausdrucken, ins Faxgerät stecken und Nummer wählen. Zu langsam? Stimmt. E-Mail muss her. Einfach »Antworten« klicken und die Nachricht ist schon so gut wie beim Empfänger. Computer haben unser Leben

vereinfacht und unsere Arbeit schneller und damit effizienter gemacht. Sie können jetzt die gleiche Arbeit in der halben Zeit erledigen. Oder in der gleichen Zeit das doppelte Geld einbringen. Objektiv gesehen, ist also die Steigerung der Geschwindigkeit etwas Gutes. Nachdem Sie ja jetzt Ihre Aufgaben in der halben Zeit erledigen, haben Sie deshalb eigentlich mehr Urlaub? Oder um es anders zu formulieren:
Was hat Ihnen die Erhöhung der Geschwindigkeit gebracht? Und: Was hat sie Sie gekostet?

Machen Sie bitte in Ihrem Heft drei Spalten.

In die erste Spalte schreiben Sie Ihre ganz persönlichen Vorteile, weil heute alles viel schneller geht.

In die Spalte daneben notieren Sie bitte, was Sie eher als Nachteil sehen. Die dritte Spalte lassen Sie für den Moment leer. Versuchen Sie so konkrete Dinge zu finden wie mehr Zeit zum Plaudern, mehr Zeit für mich selbst, mehr finanzielle Unabhängigkeit. Wenn Sie aber meinen, dass Ihnen die Schnelligkeit ermöglicht, schneller den Urlaubsort zu erreichen, überlegen Sie bitte sorgfältig, worin genau hier Ihr persönlicher Nutzen liegt. Kann man den Weg dorthin nicht genießen?

Nun kommt die dritte Spalte. Neben jedem Eintrag in der Nachteile-Spalte vermerken Sie jetzt bitte, wer Ihrer Meinung nach der Nutznießer der Beschleunigung ist. Steht also zum Beispiel in der zweiten Spalte »Ich muss jetzt noch mehr Überstunden machen, weil die Kunden erwarten, dass ihre Bestellungen noch am selben Tag versendet werden«, könnte in der dritten Spalte vermerkt sein, dass die Firma jetzt mehr Gewinn macht. Den Vorteil davon hätten die Eigentümer.

»Es gibt Wichtigeres im Leben, als ständig dessen Geschwindigkeit zu erhöhen«, hat Mahatma Gandhi einmal gesagt. In unserer von Schnelligkeit dominierten Gesellschaft gilt Langsamkeit aber als unschick. Ruhe wird oft mit Faulheit gleichgesetzt. Wer nicht von einem Termin zum nächsten hetzt, hat offensichtlich nichts zu tun. Mobiltelefone helfen dabei, die vermeintlich sinnlos vertane Fahrzeit dazwischen, in der man einfach abgeschaltet hat, produktiv zu nutzen. Etwas »noch schnell machen« ist zum geflügelten Wort unserer Zeit geworden.
Hektik ist Leben und Ruhe ist Tod? Tatsächlich gibt es mehr Beispiele von Menschen, die an überhöhter Geschwindigkeit beim Autofahren, Herzinfarkt infolge übermäßigen Stresses oder einem hektischen Fehltritt ums Leben gekommen sind als von solchen, denen ihre Ruhe zum Verhängnis geworden wäre.

Lassen Sie sich nicht drängen!

In den Händen eines erfahrenen Kämpfers ist die Beschleunigung eine gefährliche Waffe. Wenn es ein Angebot »nur noch bis morgen« gibt, werden Sie wohl ohne viel Überlegen sofort zugreifen. Ist die gleiche Ware aber »dauerhaft verbilligt«, werden Sie abwarten und nochmal abwägen. Da Sie aber in der Zwischenzeit erkennen könnten, dass Sie das vermeintliche Schnäppchen gar nicht brauchen, liegt Ihre Langsamkeit naturgemäß nicht im Interesse des Gegners. Besonders interessant ist es hier einmal wieder, die Computerbranche zu betrachten. »Schnell zugreifen: Supercomputer nur noch drei Tage zum Extra-Sonder-Spezialpreis erhältlich! (Dann gilt wieder der ursprüngliche Verkaufspreis.)«. Was das Besondere an diesem Beispiel ist? Dass Ihr Gegner Sie in diesem Fall so offensichtlich zu einer schnellen Entscheidung drängt, die Sie nachher bereuen. Würden Sie einen Gang zurückschalten, wäre Ihnen klar, dass das vermeintliche Angebot gar keines sein kann. Computer, das haben wir oben gesehen, werden im Tagesrhythmus leistungsfähiger, und das bei fallenden Preisen. Wie könnte da also ein bereits veraltetes Gerät nach Ablauf des Angebotes plötzlich wieder teurer werden? Auch wenn in einem Restaurant der Kellner schon die Getränkebestellung aufnehmen möchte, noch bevor Sie den Mantel abgelegt haben, könnte die gleiche Absicht dahinterstecken. Ohne der Möglichkeit, einen Blick in die Getränkekarte zu werfen, werden Sie vielleicht etwas Überteuertes bestellen.

Wer sich beeilt, macht Fehler

Da aber das Prinzip Schnelligkeit schon so sehr als selbstverständlich in unserem Denken verankert ist, fällt es den meisten schwer, die wahren Absichten des Gegners zu erkennen. Auch wer »schnell mal da unterschreiben« soll, ist dabei, in eine Falle zu gehen. Wie beim Autofahren erhöht sich proportional mit der Geschwindigkeit die Wahrscheinlichkeit, Fehler zu machen und die Kontrolle zu verlieren. Und so makaber es auch klingt, selbst dort liegt die Beschleunigung im Sinne des Fahrzeugherstellers. Jedes zerstörte Auto birgt die Möglichkeit, ein neues zu verkaufen.

Finden Sie fünf Beispiele, in denen ein Gegner einen Vorteil hat, indem er Sie zur Schnelligkeit treibt. Schreiben Sie diese in Ihr Heft.

Ob Fehlkäufe, Fehlentscheidungen oder Fehltritte: Das Shaolin-Prinzip lehrt uns, dass Schnelligkeit zu Fehlern führt und Hektik die Übersicht verhindert. Es lehrt uns, dass jemand, der uns zur Schnelligkeit drängen kann, von vornherein in der besseren Position ist.

Jemanden zur Schnelligkeit verführen heißt, ihn zu Fehlern provozieren.

Die Mönche des Shaolin haben im Laufe der Jahre Waffen entwickelt, die versteckt getragen werden und so für den Gegner oft nicht erkennbar sind. Genauso verhält es sich mit dem Drängen. Folgen Sie mir kurz in ein Bekleidungsgeschäft. Sie lassen sich Verschiedenes zeigen, probieren dieses und jenes an, sind aber von nichts so richtig überzeugt. Was könnte jetzt ein Verkäufer tun, der Sie zu einem Kauf bewegen möchte? Er gibt Ihnen zu verstehen, dass er es langsam eilig hat. Das kann zum Beispiel in der Form geschehen, dass er zu einem sich nur umsehenden Kunden einige Male »Ich bin sofort bei Ihnen!« sagt.
Viele Menschen macht so ein Verhalten nervös, und sie denken sich: »Jetzt habe ich so lange die Zeit des Verkäufers beansprucht. Ich werde eben irgendetwas kaufen, so schlecht ist es ja doch nicht.«
Was Sie aber bei der ganzen Sache übersehen haben (und warum Sie letztlich auch den Kampf gegen den Verkäufer verloren haben), ist die Tatsache, dass der Verkäufer ohnehin einen bestimmten Teil seines Tages in diesem Geschäft verbringen muss. Er wird auch dafür bezahlt, um neun Uhr zu kommen und bis sechs Uhr abends zu bleiben. Er muss also, ob er Arbeit hat oder nicht, neun Stunden in diesem

Laden bleiben. Fertigt er alle zwölf an einem Tag erscheinenden Kunden in zwei Stunden ab, wird er eben sieben Stunden herumstehen. Für seine Freizeit macht es keinen Unterschied. Wenn dieser Verkäufer Ihre Entscheidung zu beschleunigen versucht, hat das also nichts mit seiner Zeit zu tun. Tatsächlich erreicht er aber, Sie zu einem Kauf zu bewegen, den Sie ursprünglich gar nicht vorhatten.

Langsamkeit ist ein Naturprinzip

Wie so vieles andere haben wir im Laufe der Jahre mit der Ruhe eine unserer wichtigsten Fähigkeiten mehr und mehr verloren. Wer aber einmal einen Hund bei seinem morgendlichen Spaziergang beobachtet, wird erkennen, wie sehr die Langsamkeit ein Prinzip der Natur ist. Wäre da nicht eine menschliche Begleitung, die hier zieht und dort stößt und am Ende trägt, das Tier selbst hätte alle Zeit dieser Welt. Warum auch nicht? Würde es der Geschwindigkeit des Menschen folgen und an allem nur vorbeilaufen, ohne es wirklich wahrzunehmen, was hätte es davon? Auch die Evolution nimmt Änderungen nicht im Stundentakt vor. Gut Ding braucht eben Weile, und so denkt die Natur in Jahrtausenden, wenn nicht in Jahrmillionen.

Sie wollen einen Stein glatt geschliffen? Legen Sie ihn in einen Bach, und kommen Sie in fünfzig Jahren wieder. Dann könnte er fertig sein.

»Wenn du in Eile bist«, so sagt ein chinesisches Sprichwort, »dann gehe langsam.« Das klingt paradox, ist es aber nicht. Denn wer langsam geht, kommt schneller an.

LANGSAM GEHT SCHNELLER

Ich will Ihnen wieder ein Beispiel geben. Sie haben sicher irgendwo eine Uhr, mit der man Sekunden zählen kann. Und dann brauchen Sie noch Ihr Heft.

- Im nächsten Absatz finden Sie zehn unsinnige Begriffe. Ihre Aufgabe ist es nun, diese so schnell wie irgendwie möglich alphabetisch zu ordnen. Wenn Ihre Stoppuhr startklar ist, geht es los.
- Sobald Sie fertig sind, überprüfen Sie unbedingt das Ergebnis nochmals, und schreiben Sie erst dann auf, wie lange Sie gebraucht haben. Sie sollten die Aufgabe in zwanzig Sekunden lösen können.
- Lesen Sie bitte wieder erst weiter, nachdem Sie die Aufgabe gelöst haben.
- Hier sind Ihre Begriffe: Begeirde, Bgride, Bergierd, Bredrig, Bergrid, Bredgri, Bergid, Begierde, Begdri, Bgreide.

Fertig? Natürlich haben Sie länger gebraucht als zwanzig Sekunden. In dieser Zeit ist es unmöglich. Ich wollte Sie nur zur Eile anhalten. Sie haben vielleicht schnell begonnen, aber sicher einige Male korrigieren müssen. Genau das kostet Zeit.

Probieren Sie das Gleiche jetzt noch einmal. Diesmal lösen Sie die Aufgabe nicht möglichst schnell, sondern so, dass Sie so wenig korrigieren müssen wie möglich.

- Wenn die Uhr zu laufen beginnt, überlegen Sie zuerst eine Vorgehensweise, und handeln Sie dann danach. Nicht vergessen: Nicht Schnelligkeit, sondern Richtigkeit zählt.
- Ihre Begriffe sind hier: Bflido, Bolfiold, Bolflid, Blodfli, Blodlif, Bolfid, Bofioldo, Bofdli, Bfloido, Bofoildo.
- Wie lange haben Sie jetzt gebraucht? Und vor allem: Wie wenige Fehler haben Sie gemacht?

Wann immer Sie in eine Situation kommen, in der Sie beginnen, hektisch zu werden, denken Sie an das Prinzip der Langsamkeit. Ob Sie vor Eile den Schlüssel nicht ins Schloss bringen oder es nicht schaffen, einen Krawattenknoten zu binden: Ermahnen Sie sich selbst, langsam zu gehen. Sie werden sehen, das wirkt Wunder.

Das Tempo kann eine Taktik sein

Beim Prinzip der Gelassenheit haben wir gelernt, keine Antworten zu geben, bevor wir nicht gefragt werden. Das Prinzip der Langsamkeit geht hier noch einen Schritt weiter. Wenn wir auf eine Frage nur den Anfang der Antwort wissen, kann es sinnvoll sein, so langsam zu antworten, dass der Fragende das Ende gar nicht mehr hören möchte.

Als ich vor vielen Jahren mein Abitur in Mathematik abgelegt habe, stand ich vor genau diesem Problem. Ich konnte von den meisten Aufgaben den Anfang, wusste aber dann ab einem gewissen Punkt nicht mehr weiter. Diese Tatsache war meinem Mathematiklehrer bekannt.

Vor der Prüfungskommission wollte ich damit punkten, die Aufgaben möglichst schnell zu beginnen. Wenn die Herren sehen, wie schnell ich das beginne, so mein Kalkül, werden sie ja annehmen, dass ich es kann. Folglich werden sie abbrechen und mich das nächste Beispiel rechnen lassen. Ich arbeitete wie um mein Leben. Mein Lehrer versuchte, mit einem ruhigen »Sehr gut. Dann mach das jetzt einmal …« meiner Geschwindigkeit gegenzusteuern.

Sobald ich mich in einem Bereich halbwegs sicher fühlte, rechnete ich noch schneller. Nachdem ich die Prüfung nicht bestanden hatte, weil meine Schwächen natürlich zutage getreten waren, hat mir mein Mathematiklehrer eine Lektion fürs Leben erteilt. »Du bist«, so höre ich seine Worte noch heute, »einfach dumm. Du hast doch gewusst, dass jeder Kandidat eine gewisse Zeit hat, nach der die Prüfung beendet werden muss. Weil mir klar gewesen ist, dass du irgendwann nicht mehr weiterweißt, habe ich immer gesagt, du sollst das erst einmal machen. Hättest du langsam gerechnet, wäre die Prüfungszeit vorbei gewesen, und ich hätte gesagt: ›Den Rest weißt du ja eh, oder?‹ So hast du aber so schnell gerechnet, dass am Ende jeder gesehen hat, dass du steckenbleibst.«

Versuchen Sie bitte drei Beispiele zu finden, wo die Langsamkeit der Geschwindigkeit überlegen sein kann, und schreiben Sie diese in Ihrem Heft auf.

Eine andere Besonderheit der Beschleunigung ist, dass sie sich ab einem gewissen Zeitpunkt verselbstständigt. Wer immer schneller immer mehr leisten möchte, wird einen Punkt erreichen, an dem er durch Ermüdung wieder langsamer wird. Das kann nur durch eine noch schnellere Arbeitsweise ausgeglichen werden, die dann aber wieder zu mehr Fehlern führt. Die gesamte Produktivität sinkt. Schlägt man jemandem aber in dieser Situation vor, eine Pause zu machen, ist die Reaktion meist Unverständnis. Es ist ohnehin schon so viel zu tun, was nicht fertig wird, wie kann man da auch noch eine Pause machen? Das muss dann und dann fertig sein! Und es ist genau dann Zeit, eine Pause zu machen, wenn keine Zeit ist, eine Pause zu machen.
Um möglichst schnell an ihr Ziel zu kommen, kennen die

Pfadfinder eine Technik, die sie »Pfadfinderschritt« nennen. Nicht möglichst schnell laufen, bis es eben nicht mehr geht, lautet da die Devise. Sondern immer wieder langsamer werden. Zuerst beispielsweise 200 Schritte laufen, dann die gleiche Strecke gehen. Dann wieder laufen. Und so weiter. So kann man das zur Not viele Stunden ohne Pause durchhalten. Wer Langsamkeit nicht mit Trödeln verwechselt und Nichtstun nicht mit Faulheit, wird mit Erstaunen feststellen, welches Tempo durch die Ruhe erst möglich wird.

»Es ist besser, nichts zu tun, als mit viel Mühe nichts zu schaffen«, hat Laotse gesagt.

Weiter oben haben wir gesehen, dass man durch Eile jemanden zu Fehlern provozieren kann. Trotzdem sind viele Leute der Meinung, alles vorrangig in möglichst hoher Geschwindigkeit beherrschen zu müssen.

Ob Klavierspielen, Zauberkunst oder Nahkampf: Mit Geschwindigkeit kann man vermeintlich viele Schwächen verdecken. Das wichtigste Übungsziel, so scheint es, ist nicht mehr, etwas möglichst gut, sondern möglichst schnell durchführen zu können. Gerade bei einer Kampftechnik wie dem Shaolin Kung-Fu, bei dem sogar die Haltung der einzelnen Finger eine Bedeutung hat, wäre diese Einstellung fatal. Zu viele wichtige Details würde man übersehen. Wenn du etwas schnell kannst, sagt man im Kloster den Neuankömmlingen, heißt das nicht, dass du es auch langsam kannst. Um eine Sache schnell zu können, musst du beginnen, sie ganz langsam zu erlernen. Du musst dich immer wieder zur Langsamkeit zwingen. Die Schnelligkeit kommt dann von selbst. Alles, was du langsam beherrschst, wirst du mit der Zeit auch schnell durchführen können. Gerade in einer Zeit, die so sehr von Geschwindigkeit beherrscht ist, sind die Menschen von Langsamkeit fasziniert.

Finden Sie Ihr eigenes Tempo wieder

Nicht in fünffachem Zeitraffer wollen wir die Bewegungen eines Kampfmönches beim Angriff mit dem Schwert sehen, sondern möglichst langsam in der Zeitlupe. Das Shaolin-Prinzip lehrt uns, dass Langsamkeit und Ruhe sehr starke Waffen sind. Einem langsam und ruhig sprechenden Menschen wird man eher glauben als einem sich hektisch verteidigenden. Egal ob er auch wirklich die Wahrheit sagt.

Trotzdem gilt Langsamkeit heute vielen als ein unerreichbares Privileg. »Deine Ruhe möchte ich haben«, bekomme ich immer wieder zu hören. »Ich kann sie dir gerne geben«, denke ich dann, »aber in Wirklichkeit willst du sie ja gar nicht.« Wer aber Ihr Tempo kontrolliert, kontrolliert Ihr Leben. Und das, so hoffe ich es mal, sind bald wieder Sie.

DAS TEMPO ZURÜCKNEHMEN

Bevor man Geschwindigkeit zurücknehmen kann, muss man sein tatsächliches Tempo kennen. Die folgenden Fragen sollen Ihnen dabei helfen.

Womit kann man Sie so richtig hektisch machen?

....

Wie viel Zeit nehmen Sie sich für Ihr Essen pro Tag, und wie viel Zeit hätten Sie dafür gerne?

....

Wo wären Sie schneller gewesen, wären Sie »langsamer gegangen«?

....

Wo sind durch Ihre Geschwindigkeit Fehler zutage getreten, die sonst verborgen geblieben wären?

....

Hätte alles wieder das Tempo von vor 100 Jahren, wo wären Ihre Nachteile, und wo wären Ihre Vorteile?

....

Was läuft in Ihrem Leben zu schnell ab?

....

Wie könnten Sie es bremsen?

....

Der Weise lernt aus
den Fehlern anderer.
Der Dumme
aus seinen eigenen.

(Konfuzius)

7. Das Prinzip der Nachahmung

Männer von kleinem Wuchs sollten sich stets in die Lage großer Menschen und Männer von großem Wuchs in die Lage kleiner Menschen versetzen können.
(Miyamoto Musashi)

Lerne, dass du durch Nachahmung andere besser einschätzen kannst

Als vor über 1500 Jahren die Mönche rund um Bodhidharma das Kloster Shaolin in den Bergen des Hao-Shan-Gebirges gründeten, hatten sie allem voran mit zwei Problemen zu kämpfen.
Zum einen machten Landstreicher und Räuber die Gegend rund um das Kloster unsicher. Die ließen sich aber im Laufe der Zeit unter Kontrolle bringen. Viel gefährlicher aber, weil unberechenbar, waren die wilden Tiere, die durch die Wälder streiften. Wie sollte man nun dieser Gefahr begegnen? Gegen einen Menschen kann sich ein guter Kämpfer verteidigen. Der ist berechenbar. Aber gegen ein Tier?
Die von den ersten Bewohnern des Klosters erdachte Lösung war ebenso einfach wie genial. Warum, so die Idee, sollten wir uns nicht gegen die Tiere auf die gleiche Art zur Wehr setzen, wie sie es ihren Artgenossen gegenüber selbst auch tun? Warum nicht einfach die Tiere beobachten und sie dann mit ihren eigenen Techniken schlagen? Die Mönche begannen, das Verhalten ihrer wilden Gegner zu analy-

sieren und schließlich zu imitieren. Und waren dadurch plötzlich in der Lage, ihre vermeintlich überlegenen Gegner im Zweikampf zu besiegen.

Wenn sich der Mensch auch gerne als »Krone der Schöpfung« sieht, hat er von dieser genau genommen nicht wirklich viele Fähigkeiten erhalten. Er ist weder besonders groß noch besonders stark, nicht wirklich robust und auch nicht sonderlich schnell. Es ist seine Fähigkeit zur bewussten Nachahmung, die den Menschen von allen anderen Lebewesen unterscheidet und ihm bis heute das Überleben ermöglicht hat.

Die Möglichkeit, die Fähigkeiten der Tiere zu erkennen und diese mit menschlichem Verstand zu paaren, verleiht ihm in vielen Situationen eine gewisse Überlegenheit.

Der Mönch und die Gottesanbeterin

Der Mönch Wang Lang galt im Shaolin-Kloster als ein erfahrener Kämpfer, der 17 Kung-Fu-Stile meisterlich beherrschte. Doch trotz härtestem Training gelang es ihm nicht, seine Mönchs-Kollegen im Zweikampf zu besiegen. Bedrückt zog er sich in einen nahe gelegenen Wald zurück. Eines Tages beobachtete er bei einem Spaziergang einen Kampf zwischen einer Gottesanbeterin und einer Zikade. Die kleine Gottesanbeterin schaffte es, die ihr körperlich mehrfach überlegene Zikade zu besiegen.

Wang Lang war beeindruckt. Er fing die Gottesanbeterin ein und begann sie zu beobachten. Wochenlang studierte er ihre Bewegungen und begann, einen völlig neuen Kampfstil zu entwickeln. Da die Gottesanbeterin vorrangig mit den »Armen« kämpft, übernahm Wang Lang von ihr die

Handtechniken. Die Beintechniken entnahm er dem Affenstil. Schließlich fügte er die besten Elemente aus den anderen ihm bekannten Kampfstilen hinzu.
Er nahm sich die Zeit, seinen neuen Stil in Ruhe fertig zu entwickeln und sorgfältig zu trainieren. Dann erst kehrte er ins Kloster zurück, wo er in einem freundschaftlichen Turnier eine große Zahl von Mönchen besiegen konnte. Der Abt war begeistert, und so wurde der Stil offiziell in die Bibliothek von Shaolin aufgenommen. Schüler kopierten ihn von ihren Meistern und gaben ihn, dann selbst an ihre Schüler weiter.
Seit nunmehr bald 400 Jahren gehört die Form der »betenden Mantis«, wie die Gottesanbeterin auch genannt wird, zu den wichtigsten Kampfformen des Shaolin Kung-Fu.

Lernen durch Nachahmung

Nicht nur Kämpferisches wurde aber durch Nachahmung der Natur inspiriert. Das Prinzip der Nachahmung ist so alt wie das Leben selbst. Auch wenn es in unserer Gesellschaft einen negativen Beigeschmack hat, ohne Nachahmung würde die Natur nicht mehr existieren.
Kein Tierkind käme auf die Idee oder wäre überhaupt in der Lage, sich selbst das Jagen beizubringen. Es ahmt jene jahrtausendealte Technik nach, die es bei seiner Mutter sieht. Schwimmen, klettern, kämpfen, kein Tier erfindet etwas neu, wenn es bereits existiert. Was dem Überleben dient, wird übernommen. Lieber Vorhandenes verbessern, als es ein zweites Mal zu erfinden.
Auch die Mönche des Shaolin haben dieses Prinzip übernommen. Wozu eigene Kampftechniken entwickeln, wenn

es die besten ohnehin schon gibt? Lieber schon die Energie darauf verwenden, zu beobachten und zu adaptieren.

Die Natur, hat der griechische Philosoph Aristoteles gesagt, schafft immer von dem, was möglich ist, das Beste.

Der Klang der menschlichen Stimme gilt als Referenz für alle Instrumente. Das Auge kann mehr Farben sehen, als irgendein technisches Gerät der Welt zeigen kann. Und die Rechenleistung des Gehirns stellt alle Super-Computer in den Schatten. Kein Mensch, und sei er noch so weise, wird jemals etwas Besseres zustande bringen.

Und deshalb ist das meiste, das Menschen vermeintlich erfunden haben, eine schlechte Imitation. Ob die Form des Rades, die Technik des Fliegens oder der Versuch künstlicher Intelligenz. Alles ist in der Natur viel besser vorhanden und vom Menschen nur kopiert. Was ja eigentlich kein Problem darstellt, oder? Besser gut kopiert als schlecht neu erfunden, sagt ein altes Sprichwort.

Trotz allem gilt genau dies als unschick. Menschen investieren Hunderte, ja oft Tausende von Stunden, um bereits Existierendes neu zu erfinden. Nur für den Ruhm, nachher sagen zu können: »Das habe ich selbst erfunden!«

Wo, so frage ich mich manchmal, wäre heute die Technik des Shaolin Kung-Fu und all der anderen Kampfstile, hätten die Mönche des Shaolin so gedacht? Hätte jeder von ihnen begonnen, von Grund auf neu zu entwickeln, statt bereits Vorhandenes zu adaptieren? Natürlich sollten fremde Ideen nur als Ausgangspunkt für eigene dienen. Sich mit fremden Lorbeeren oder Produkten zu schmücken ist tatsächlich unfein. Aber darum geht es hier nicht.

Nehmen Sie bitte wieder Ihr Heft. Schreiben Sie dort fünf Dinge hinein, die Sie selbst erfinden wollten, obwohl sie durch Nachahmung schneller zu erreichen gewesen wären. Das kann zum Beispiel die optimale Reiseroute sein, nach der Sie nicht fragen wollten. Oder die einfachere Bedienung eines Gerätes, die Ihnen niemand erklären durfte. Schreiben Sie auch dazu, was Sie von der Vereinfachung durch Nachahmung abgehalten hat.

Haben Sie schon einmal überlegt, wie ein Kind lernt? Durch Nachahmen des Verhaltens seiner Bezugspersonen. Ein kleiner Mensch imitiert erfolgreiche Verhaltensweisen anderer, um ein bestimmtes Ziel zu erreichen. Möchte er Aufmerksamkeit, Zuneigung oder Essen bekommen, sagt er jene Worte, die er in dieser Situation bei den Erwachsenen hört, möglichst genau nach.

Imitation als Vorbild

Würde ein Kind Nachahmung als etwas Negatives empfinden und seine eigene Sprache erfinden, wäre es mit der Kommunikation bald vorbei. Kinder imitieren aber nicht nur Sprache. Wie Tierkinder ihren Eltern das Jagdverhalten abschauen, ahmen auch wir Menschen das Verhalten derer nach, zu denen wir aufschauen. Wenn der erfolgreiche Geschäftsmann einen Anzug und Krawatte trägt und wir auch für einen erfolgreichen Geschäftsmann gehalten werden wollen, tragen wir ebenfalls einen Anzug und Krawatte. Auch die Idee und das Geld, das mit Mode verdient wird, beruhen auf Nachahmung. Der oder die trägt dies oder das, und daher ist es modern. Der oder die will nicht als Teil der

Gesellschaft gesehen, sondern als Individuum erkannt werden und rasiert sich eine Glatze. Alle anderen, die auch als Individuen erkannt werden wollen, rasieren sich daher auch eine Glatze. Wenn es auch nach außen oft als unfein gilt, das Bedürfnis nach Nachahmung ist tief in uns verankert.

Zugkräftiges Mittel im Verkauf

Das Wissen darüber ist eine der klassischen Waffen des modernen Verkaufs. Dass auch diese meist versteckt getragen wird, macht sie sehr effizient. Im Fernsehen erfahren wir, dass der extrem erfolgreiche X sein Geld bei der Bank A verwalten lässt, im Mobilfunknetz von Anbieter B telefoniert und das Auto der Marke C fährt. Der Prominente Y, so heißt es, schwört auf die gleiche Kombination. Niemand behauptet, dass X oder Y gerade deshalb erfolgreich sind. Wer weiß außerdem, ob X nicht den Service der Bank A in Wirklichkeit ganz furchtbar findet?

Das bis dahin verdeckt getragene Schwert ist aber gezogen. Wer will nicht erfolgreich sein? Die beiden, so beginnt es in den Köpfen der Opfer zu arbeiten, werden wohl einen Grund haben, warum sie ausgerechnet auf diese Produkte schwören. Außerdem sind sie ja nicht grundlos erfolgreich. Wenn das auch sicher nicht alles ist, irgendeinen Zusammenhang wird es da schon geben.

Außerdem hat ja auch mein Freund C ein Konto bei derselben Bank, und der ist sehr zufrieden. Auch Empfehlungen beruhen schließlich auf Nachahmung. Wenn O dorthin geht und zufrieden ist, dann werde ich es auch mal versuchen. Auch sind P und Q mit der Marke soundso zufrieden, also will ich sie auch mal probieren.

Die Meinungsmacher

Menschen, die von vielen anderen nachgeahmt werden, nennt man in der Sprache der Werbung »Opinion Leader«, auf Deutsch so viel wie »Meinungsführer«. Die Industrie hat erkannt, wie wichtig es ist, genau diese zu Partnern zu machen. Ob Journalisten, Kursleiter, Buchautoren oder Ärzte, die Meinung dieser Personen wird meist ungeprüft übernommen. Und stellt sich dann doch einmal heraus, dass auch Opinion Leader irren oder vielleicht nicht ganz so selbstlos Ratschläge erteilen, hat man immer selbst etwas falsch gemacht. Als Kinder haben wir gelernt, Erwachsene nachzuahmen, um überleben zu können. Später glauben viele, nicht mehr leben zu können, ohne das Verhalten einer anderen Person nachzuahmen.

Schreiben Sie in Ihr Heft, wer Sie beeinflusst und von wem Sie als Meinungsbildner nachgeahmt werden. Finden Sie jeweils drei Menschen oder Institutionen, und notieren Sie bitte daneben, wer hier wen warum nachahmt.

Wenn Sie das Prinzip der Nachahmung selbst richtig anwenden, kann es seine ganze Kraft ausspielen. Zum einen hilft es uns, jene Fehler zu vermeiden, die andere schon für uns gemacht haben. Und zum anderen beschert uns das innerliche Einswerden mit dem Gegner tiefe Einblicke in sein Denken und Handeln.

Wer nun andere nachahmt, kann deren Fehler vermeiden. Auch die Kampftechnik der Affen war sicher nicht vom ersten Tag an perfekt und hat auf ihrem Weg einigen Tieren das Leben gekostet. Vielleicht gäbe es auch beim Kampfstil der Gottesanbeterin etwas zu verbessern. Möglicherweise hätte sie bei einem geschickten Einsatz der Hinterfüße noch den einen oder anderen Kampf zusätzlich für sich entschieden. Genau diese in einem Kampf möglicherweise tödlichen Fehler kann man durch Beobachten erkennen und bei der Nachahmung vermeiden. Weil aber keine Mantis auf die Idee kommt, die Beintechnik eines Affen zu kopieren, sondern alles selbst entwickeln muss, ist ihr der Mensch in dieser Hinsicht überlegen. Ich möchte damit sagen, dass nachgeahmt zu werden vielleicht zwar manchmal ärgerlich ist, aber auch durchaus positive Seiten haben kann.

Es gibt, so hat Konfuzius einmal gesagt, drei Wege der Entscheidung. Der erste ist der durch Nachahmung, das ist der einfachste. Der zweite ist der durch Überlegung, das ist der edelste. Und der dritte ist der durch Erfahrung. Das ist der bitterste.

Würden Sie auf die Idee kommen, ein ähnliches Buch zu schreiben wie ich, ich könnte es nicht verhindern. Sollte ich es überhaupt versuchen? Da Ihnen eine Eins-zu-Eins-Kopie ohnehin nicht gelingen wird, könnte ich vielleicht von Ihrem Buch noch etwas lernen. Ich könnte zum Beispiel sehen, wo Sie Beispiele bringen, an die ich nicht gedacht habe, und diese dann in der nächsten Auflage meines eigenen Buches einbauen. So hätte es also für mich durchaus einen Vorteil, kopiert zu werden.

Es ist die größte Angst vieler Menschen, jemand anderer könnte ihnen durch Imitation etwas wegnehmen. Sie könnten zum Beispiel mein Thema aufgreifen und versuchen, ein ganz ähnliches Buch zu schreiben. Tun Sie es. Auch wenn Sie aber jetzt alle Inhalte kennen, wird Ihr Buch nicht das gleiche werden wie meines. Es gibt für mich keinen Grund, mich zu fürchten. Nicht wegen dem »Das gibt es ja schon«-Argument. Das zählt nicht. Würden alle Menschen so denken, dann gäbe es genau eine Bekleidungsfirma, die ein Modell eines Anzugs, eines Hemds, einer Bluse und einer Hose herstellt. Es gäbe eine Art Computer, Stereoanlagen und Küchengeräte.

»Kopiere und verbessere« war viele Jahre das Prinzip der Japaner. Der Erfolg von Firmen wie Sony, Yamaha oder Canon gibt ihnen recht. Und trotzdem würde ich mich nicht fürchten. Weil mein Buch nicht kopierbar ist. Ein Fotografen-Kollege hat einmal gemeint, als es um das Weitergeben von Beleuchtungstechniken gegangen ist: »Selbst wenn ich dir genau sage, wo meine Lichter gestanden sind, und dir die Einstellungen an der Kamera mache, du wirst nie mein Bild zusammenbringen.« Aber ihn vielleicht auf die eine oder andere Idee, was er beim nächsten Mal noch besser machen könnte.

Prüfen, was zu imitieren lohnt

Nichtsdestotrotz kann sture Nachahmung auch in die falsche Richtung gehen. Nicht nur, weil unsere Gegner sie gegen uns verwenden könnten. Wie oben geschrieben, beruht die Idee des Lernens auf Imitation. Trotzdem ist es unerlässlich, sich vorher zu überlegen, was man nachmachen möchte. Der Glaube an Autoritäten ist vielen von uns so sehr zur Gewohnheit geworden, dass wir vor dem Handeln nicht mehr prüfen. Wenn aber jeder nur wiedergibt, was ihm sein Meister vorgibt, ist keine Entwicklung möglich.

Der deutsche Satiriker Kurt Tucholsky hat es mit folgenden Worten auf den Punkt gebracht: »Lass dir von keinem Fachmann imponieren, der dir erzählt: ›Lieber Freund, das mach ich schon seit zwanzig Jahren so!‹ – Man kann eine Sache auch zwanzig Jahre lang falsch machen.«
Unreflektierte Nachahmung tötet die Möglichkeit der Veränderung. In einem Land schimpfen alle auf die aktuelle Politik. Weil aber schon Eltern und Großeltern die Partei P gewählt haben, tun sie das, ohne nachzudenken, auch.

Gibt es auch bei Ihnen Dinge, die Sie aus reiner Gewohnheit nachahmen, ohne diese zu hinterfragen? Schreiben Sie fünf davon in Ihr Heft.

Umgekehrt kann die perfekte Nachahmung einer Person oder Sache den Gegner zu einem falschen Schluss verleiten. Die Natur hat diese Idee in Form der Tarnung perfektioniert. Aber auch einem Clown, der auf der Bühne über alles stolpert, nimmt man seine Tolpatschigkeit gerne ab. Die Mönche des Shaolin haben mit diesem Wissen eine Methode entwickelt, den Gegner zu täuschen. Sie täuschen dem Gegner vor, stark betrunken zu sein. Mit so großer Genauigkeit ahmen sie die Bewegungen eines Betrunkenen nach, dass das Gegenüber verleitet wird zu glauben, er hätte es mit einem wehrlosen Opfer zu tun. In früheren Zeiten ein oftmals tödlicher Irrtum.
Das Shaolin-Prinzip lehrt uns, dass erfolgreiche Nachahmung zwei Voraussetzungen erfüllen muss: Sie soll ohne jede Wertung erfolgen und vollständig sein. Ein Beispiel zur Illustration. Ein Schauspieler, der die Rolle des Bösewichtes übernimmt, muss mit seinem ganzen Sein ein sol-

cher werden. Er muss böse gehen, böse essen, böse handeln und böse denken. Selbst wenn er in seinem wirklichen Leben das alles ablehnt, muss er seine moralischen Vorstellungen an der Garderobe abgeben. In seiner Rolle ist er der Böse. Er würde sonst keinen Bösewicht verkörpern, sondern wirken wie jemand, der einen Bösewicht spielt.

»Wenn du einen Affen imitierst, dann musst du mit deinem ganzen Körper, deinem ganzen Herzen und deinem ganzen Denken ein Affe werden«, lernt man in Shaolin. In der Praxis der Zen-Meditation erreicht man mit dieser Technik des Sichhineinversetzens auch jene Leere der Gedanken, die den Weg der Erleuchtung ebnet. Wenn du dich darauf konzentrierst, ein Drache zu sein, kannst du nicht an Sorgen oder Begierden denken. Echte Nachahmung, so sagen die Mönche, macht den Kopf frei für das Wesentliche.

Nachahmung, so lehrt uns das Shaolin-Prinzip, gibt uns tiefe Einblicke in das Wesen des anderen. Sie offenbart uns, sein Denken, seine Gefühle und erlaubt uns, seine Handlungen und Reaktionen auf unser Verhalten vorherzusagen.

»Sich in den Gegner zu verwandeln heißt, sich selbst in seine Lage zu versetzen und von seinem Standpunkt aus zu denken. Im Alltagsleben ist man zum Beispiel geneigt, einen Räuber, der sich in einem Haus eingeschlossen hat, für außerordentlich stark zu halten. Verwandeln wir uns jedoch einmal in diesen Gegner, so werden wir das Gefühl haben, die ganze Welt stünde gegen uns, und es gäbe keinen Ausweg mehr. Der Eingeschlossene ist der Fasan und der, der hineingeht, ist der Falke. Auch im Einzelkampf musst du versuchen, dich in die Lage des Gegners zu versetzen. Denn wenn du dich nur beeindrucken lässt und denkst: ›Er versteht sich aufs Kämpfen, er kennt die Prinzipien und ist mir in der Technik überlegen‹, so wirst du gewiss den Kürzeren ziehen«, schreibt Musashi in seinem Buch der fünf Ringe.

Die schlimmsten Nachahmer sind Menschen, wenn sie in Gruppen auftreten. Um dieses zu demonstrieren, schlage ich Ihnen vor, bei Gelegenheit ein kleines Experiment zu machen. Wenn Sie das nächste Mal auf einem U-, Bus- oder Schnellbahnhof sind, gehen Sie so langsam, dass sich hinter Ihnen eine Gruppe bildet. Führen Sie diese eine Zeitlang an. Dann blicken Sie ganz plötzlich demonstrativ auf Ihre Uhr und beginnen im selben Moment zu laufen. Sie werden mit Erstaunen feststellen, dass sich im selben Moment die Gruppe hinter Ihnen im gleichen Tempo in Bewegung setzt und beginnt, Ihnen nachzulaufen ...

Ich habe einmal Beamte einer Polizei-Sondereinheit, die ich bei einer gestellten Geiselnahme begleitet habe, gefragt, wie sie eigentlich auf ihre Übungsannahmen kommen. »Wir versuchen uns einfach in einen Täter hineinzuversetzen«, war die Antwort, »und überlegen uns, was wir an seiner Stelle täten.«
Wenn Sie also eine Strategie entwickeln, mit der Sie bei jemandem anderen etwas erreichen wollen, versetzen Sie sich in Ihr Gegenüber. Nehmen wir an, Sie möchten mir etwas verkaufen, das ich aber nicht kaufen möchte. Als schwacher Gegner preisen Sie mir die Vorzüge Ihres Produktes in Superlativen an und sind dann enttäuscht, dass ich genervt darauf dränge, das Gespräch zu beenden. Sie haben Ihre

Zeit und einen potenziellen Kunden ein für alle Mal verloren. Was aber vorherzusehen war. Wenn Sie mir dreimal zu verstehen geben, dass Sie mein Produkt nicht möchten, und ich das einfach ignoriere und in einer Tour auf Sie einrede, wie würden denn Sie da reagieren? Eben.

Die Argumente des Gegners vorwegnehmen

Als starker Gegner, der nach dem Shaolin-Prinzip kämpft, haben Sie sich vorher in meine Lage versetzt. Sie haben sich überlegt, welche Argumente Sie selbst gegen Ihr Produkt vorbringen würden, wollten Sie es nicht kaufen. Und Sie wissen, wie man Sie selbst an meiner Stelle von dem Produkt überzeugen könnte.

Wenn Sie mir mit diesem Wissen gegenübertreten, werden Sie von meinen Reaktionen nicht überrascht sein und haben Ihren Gegenschlag bereits trainiert. Selbst wenn Sie mir trotz alldem nichts verkaufen können, erfahren Sie viel über meine Bedürfnisse und haben mich wahrscheinlich als Kunden für die Zukunft gewonnen.

Ganz ähnlich verhält es sich auch, wenn Sie mit jemandem streiten. Wer in Rage gerät, benutzt oft Worte, um den Gegner zumindest verbal zu verletzen. Das müssen keine Schimpfworte sein, manche Menschen verwenden so etwas nicht. Beobachten Sie in so einer Situation aufmerksam die Wortwahl Ihres Gegenübers. Wenn jemand Sie in einem wirklich bösen Streit zum Beispiel als »gemein« bezeichnet, dann können Sie ihn mit genau diesem Wort auch selbst empfindlich treffen. Auch wenn Sie in Ihrem Zorn Ihre Entgegnung aus einer viel tieferen Schublade nehmen wollen, vergessen Sie es. Der Gegner ist wahrscheinlich gegen solche Ausdrücke immun, und Sie verschwenden Ihre Energie. Das Schlimmste, das für ihn jemand sein kann, ist eben »gemein«. Und genau das will er selbst nicht sein.

Überzeugen durch Verstehen

Mittels Nachahmung können wir allerdings nicht nur die Handlung unseres Gegners vorhersagen, wir können ihn auch manipulieren. Diese Technik ist auch unter dem Namen, »jemandem dort abholen, wo er gerade steht« bekannt. Menschen wollen sich verstanden fühlen. Widersprechen Sie jemandem bei einer Diskussion gleich beim ersten Satz, schaffen Sie sich einen Gegner, der alles, was Sie vorbringen, ablehnen wird.

Wenn Sie aber dem Gegner fünf Mal recht geben und beim sechsten Mal noch sein Argument weiterentwickeln, wird dieser Sie von da an für sehr kompetent halten. Und für Ihre Ideen sehr zugänglich sein.

Das Shaolin-Prinzip lehrt uns, dass die Nachahmung ein sehr mächtiges Mittel ist. Sie hilft uns, den Gegner zu verstehen, sein Verhalten zu erkennen und ihn in jene Richtung zu führen, in der wir ihn haben möchten.

DIE CHAMÄLEON-TAKTIK

Wissen Sie eigentlich, welche Vorteile die Idee der Nachahmung für Sie persönlich haben kann? Mit den folgenden Fragen finden Sie es heraus.

Welches Tier ist Ihnen am ähnlichsten?

....

Beschreiben Sie den Kampfstil einer Katze.

....

Welche Fehler haben andere schon für Sie gemacht?

....

Welche davon haben Sie schlussendlich vermieden?

....

Mit welchen Worten schimpfen Sie, wenn Sie zornig sind?

....

Welche Wirkung haben genau diese Worte auf Sie?

....

Welche Gewohnheiten/Verhaltensweisen haben Sie von jemand anderem übernommen?

....

Warum?

....

Wer die Gelegenheit
im Vorbeigehen ergreift,
braucht keine
glücklichen Träume.
(aus China)

8. Das Prinzip der Gelegenheit

Durch Ausnützung der Gelegenheit kann der Geringe und der Arme dem Vornehmen und Reichen überlegen werden und der Kleine und Schwache den Großen und Starken bändigen. (Lü Bu We)

Lerne, Gelegenheiten zu schaffen, auf sie zu warten, um sie für dich, aber gegen deinen Gegner zu verwenden

Wenn jemand es vorhat, ein Buch zu schreiben und dieses dann auch zu veröffentlichen, kann man sich diesem Ziel auf zwei verschiedenen Wegen nähern.

Der erste Weg beginnt mit einem Plan. Dieser sollte möglichst genau sein und alle wichtigen Punkte beinhalten. Zuerst muss das Buch selbst geplant werden. Titel, Inhalt, Aussehen, alles muss unverrückbar feststehen. Was sollte man denn sonst verkaufen? Das ist Punkt eins.

Dann versucht man einen Verlag zu finden, der genau dieses Buch verlegen möchte. Auch hier ist die Vorgehensweise in dem Plan festgelegt. Jeden Tag fünf Verlage anrufen, die zuständige Person ausfindig machen und versuchen, dieser das Buchkonzept zu verkaufen.

Sollte ein Verlag Änderungen oder das Buch zu einem anderen Zeitpunkt verlegen wollen, so steht in dem Plan, ruft man den nächsten Verlag an. Wenn alle dreißig Verlage auf der Liste kontaktiert worden sind und keiner das Buch

verlegen möchte, legt man die Sache ad acta. Es kann eben nicht jeder Bücher schreiben. So steht es im Plan.
Der zweite Weg folgt dem Prinzip der Gelegenheit. Der potenzielle Autor nimmt sich vor, ein Buch zu schreiben. Er erzählt es seinen Freunden, Verwandten und Bekannten. Und wartet, bis der Moment gekommen ist. Wenn es sein soll, so weiß unser Schreiber, wird ein Verlag kommen und ihm anbieten, ein Buch zu schreiben. Und wenn es nicht sein soll, gilt das Prinzip des Nicht-besitzen-Wollens. Dann werden sich eben andere spannende Dinge ergeben.

Nehmen Sie bitte Ihr Heft. Ziehen Sie auf einer freien Seite eine waagrechte Linie. Unter das linke Ende schreiben Sie »Plan«, unter das rechte »Gelegenheit«. Jetzt schätzen Sie sich selbst ehrlich ein. Sind Sie eher ein nach Plänen oder ein nach Gelegenheiten lebender Mensch? Machen Sie an jener Stelle auf der Linie ein Kreuz, die Ihrer Position entspricht. Anschließend überlegen Sie sich, wo Sie gerne wären. Markieren Sie diese Stelle mit einem Kreis. Wiederholen Sie diese Positionsbestimmung bitte, nachdem Sie das Kapitel zu Ende gelesen haben.

Es gibt eine sehr große Gruppe von Menschen, die nach Plänen, und eine sehr kleine, die nach Gelegenheiten handelt. Beides mag seine Berechtigung haben. Und trotzdem ist die »Gelegenheitsgruppe« der »Plangruppe« meist überlegen. Was die Gruppe der Planer nämlich oft übersieht, ist die Tatsache, dass man allen Vorstellungen zum Trotz nichts erzwingen kann. »Nichts gibt es auf der Welt ohne rechten Augenblick«, hat der französische Staatsmann Kardinal de

Retz einmal gesagt. Das Leben interessiert sich nicht für Pläne und hält sich auch nicht daran. Wenn das Leben die Zeit für gekommen hält, bietet es uns die Gelegenheit, unsere Wünsche zu verwirklichen. Die Gewinner sind jene, die bereit sind, diese dann auch zu ergreifen.

»Planer« verpassen leicht Gelegenheiten

Wer seinen Blick aber nur starr auf seinen Plan gerichtet hat, wird die vielen Möglichkeiten, die links und rechts des Weges blühen, gar nicht wahrnehmen. Er kennt keinen anderen Zeitpunkt als den von ihm selbst bestimmten und auch keinen anderen Weg.

Gelegenheiten zu ergreifen heißt aber nicht, sich gehen zu lassen. Schließlich ist das Bedürfnis nach Plänen genauso ein Wesenszug des Menschen wie die Fähigkeit, gegebenenfalls von diesen abzuweichen. Auch wenn zweitere bei vielen mittlerweile verschüttet ist. Tiere pflegen zu essen, wenn sie erstens Hunger haben und wenn sie zweitens eine passende Beute finden. Menschen pflegen zu essen, wenn es in ihrem Zeitplan steht. Sollte ich die Planer mit einer Phrase beschreiben, sie wäre »Jetzt oder nie«.

Warum aber sollte ich meine Träume sterben lassen, nur weil das Leben meinen Vorstellungen nicht gehorcht? Wer nicht bereit ist, sich auf Gelegenheiten einzulassen, ist ein leichter Gegner. Nehmen wir an, ich wäre Ihr Arbeitgeber, und Sie wünschen eine Beförderung. Sie machen den Plan, zu Mittag in mein Büro zu kommen und mir mitzuteilen, dass Sie in einen anderen Arbeitsbereich wechseln möchten. Grundsätzlich habe ich auch nichts dagegen, Sie zu versetzen. Was Sie aber nicht wissen: Ich hatte den ganzen

Vormittag Ärger mit Kunden. Natürlich kommt mir Ihr Auftauchen ungelegen. Die von Ihnen gewünschte Stelle ist zurzeit ohnehin nicht zu haben, und ich habe auch kein Interesse, mir darüber Gedanken zu machen. Sie erreichen nichts, und ich vergesse, dass wir gesprochen haben. Als kurz darauf der von Ihnen begehrte Posten frei wird, erzählt mir Ihr Kollege, den ich in der Kaffeeküche treffe, dass er sich genau für diese Position interessiert. Da ich diese dringend nachbesetzen muss, wer wird den Job erhalten?

Die Katze und die Ratte

In Shaolin erzählt man sich die Geschichte von einem Bauern, der zu Hause eine Ratte hatte, die er nicht loswerden konnte. Daher erwarb er eine wundervolle, kräftige und mutige Katze. Doch umsonst. Die Ratte war schneller, und so zog die Katze den Kürzeren.

Da nahm der Bauer eine andere Katze, die war ungemein schlau und durchtrieben. Doch die Ratte nahm sich in Acht und zeigte sich nur noch, wenn die Katze schlief.

Also lieh ihm ein Mönch des benachbarten Tempels seine Katze. Diese hatte gar nichts Besonderes an sich. Sie schlief den ganzen Tag, ohne sich um ihre Umgebung zu kümmern. Der Bauer zuckte mit den Schultern, doch der Mönch bestand darauf, sie ihm zu überlassen. Die Katze verbrachte ihre Zeit damit, zu schlafen. Bald darauf fasste die Ratte wieder Mut. Sie lief sogar vor der Katze hin und her, die sich offensichtlich nicht darum kümmerte. Und eines Tages, ganz plötzlich, fing die Katze mit einem einzigen Hieb die Ratte und streckte sie nieder. Diese Geschichte will uns zwei Dinge zeigen. Zum einen, dass es notwendig ist, auf

den richtigen Moment zu warten. Zum Zweiten aber, und das ist mindestens genauso wichtig, dass man bereit sein muss zu handeln, wenn dieser dann kommt.
Das Shaolin-Prinzip lehrt uns, dass wir unseren Gegner für längere Zeit außer Gefecht setzen können, indem wir ihm die Möglichkeit nehmen, Gelegenheiten zu ergreifen. Wie mächtig diese Technik wirklich ist, kann man daran erkennen, wie oft sie zur Anwendung kommt. Natürlich wird der Angreifer auch hier seine wahre Absicht verschleiern. Er wird uns seinen Plan, nach welchem wir dann handeln werden, als Vorteil verkaufen. Beispiel gefällig?
Mobilfunkbetreiber A bietet Ihnen ein angeblich kostenloses, neues Handy an. Natürlich verstehen Sie, dass das Gerät vom Betreiber bezahlt werden muss, und unterschreiben daher auch den 24-Monatsvertrag für einen zu diesem Zeitpunkt günstigen Tarif. Zwei Jahre sind Sie damit aus dem Rennen. Denn selbst wenn die Betreiber B, C und D zwei Monate später mit dem halben Tarif locken und Sie sehenden Auges viel zu viel bezahlen, Sie können die Gelegenheit nicht mehr nutzen.

Schreiben Sie drei Ereignisse in Ihr Heft, in denen Sie Gelegenheiten nicht nutzen konnten, weil Sie sich selbst oder Ihr Gegner Sie gefesselt hat.

Wer nach dem Prinzip der Gelegenheit handelt, wird alles daransetzen, jederzeit handeln zu können, wenn der rechte Augenblick gekommen ist. Und seine Gegner werden alles tun, ihn daran zu hindern. Auch wenn es bis jetzt vielleicht so geklungen hat, Gelegenheiten entstehen keineswegs von selbst. Um sie später ernten zu können, muss man sie rechtzeitig und gezielt säen. Und man muss den Weg kennen, an dem sie wachsen sollen. »Wenn man nicht weiß, welchen Hafen man ansteuert, ist kein Wind der richtige«, hat der römische Philosoph Seneca gesagt.

Gelegenheiten schaffen

Wer Gelegenheiten optimal nutzen möchte, braucht, so widersprüchlich das jetzt klingt, genauso Pläne wie derjenige, der nur nach diesen handelt. Wenngleich dieser Plan ein Ziel beschreibt und nicht den einzigen Weg, auf dem es zu erreichen ist.

Möchten Sie, um auf das Beispiel vom Anfang zurückzukommen, ein Buch schreiben, dann brauchen Sie genau diesen Plan. Sich jetzt nur hinzusetzen und zu warten, dass ein Verlag anruft, wird kaum von Erfolg gekrönt sein. Woher sollte denn irgendjemand wissen, dass Sie Autor werden möchten? Wenn Sie es aber möglichst vielen Menschen mitteilen, werden diese alle für Sie arbeiten. Mehr Menschen werden auf diese Art von Ihrem Wunsch erfahren, als Sie in zehn Leben hätten persönlich ansprechen können. Und wahrscheinlich auch solche, zu denen Sie sonst nie Zugang gefunden hätten.

Der amerikanische Psychologe Stanley Milgram hat in seinem berühmten Gesetz definiert, dass jeder Mensch auf dieser Erde mit jedem anderen über sechs weitere Menschen in Kontakt treten könne. Wer nach dem Prinzip der Gelegenheit lebt, kann von diesem riesigen Netzwerk profitieren. Trotz allem ist das Schaffen von Möglichkeiten nur die halbe Miete. Stellen wir uns diese wie Früchte vor, die auf einem

Baum wachsen, dann wollen sie zum Zeitpunkt der Reife gepflückt und nachher auch bewacht werden. Sie sind nicht der Einzige, der von diesem Baum essen möchte.
Sie kennen sicher die Zeichentrickfilme, in denen eine große Zahl von Tieren mit offenem Maul unter einem Obstbaum sitzt, der genau einen Apfel trägt. Gespannt warten sie darauf, dass der Baum die Frucht endlich abwirft. Wer sie bekommt, hat die Chance auf ein außergewöhnlich gutes Essen, auf das sich schon alle lange freuen. Die anderen Bäume, die im Hintergrund auch ihre Äpfel abwerfen, bleiben unbeobachtet. Allerdings kann nur eines der Tiere den Apfel bekommen. Die anderen gehen leer aus. Da sie ihre Zeit bereits mit Warten vertan haben, müssen sie jetzt nehmen, was kommt, um nicht zu verhungern. Selbst wenn in absehbarer Zeit auf einem anderen Baum ein mindestens ebenso schöner Apfel fertig würde, müssen sie sich mit den braunen auf dem Boden begnügen.

Das Prinzip der Gelegenheit lehrt uns, jene Äpfel zu pflücken, die gerade reif sind, und mit genau diesen das Festmahl vorzubereiten. Wer nämlich Chancen erzwingen will, wird verhungern.

In meinem beruflichen Umfeld treffe ich immer wieder Menschen, die sich selbstständig machen wollen. Wie es ihnen überall eingeredet wird, befolgen sie einen Plan. Firma gründen, Büro suchen, Ausrüstung kaufen, Versicherung abschließen und so vieles mehr. Wenn dann alles fertig ist, Adressen besorgen und ein Schreiben an alle potenziellen Kunden versenden. Dann warten. Genau an diesem Punkt hat der Firmengründer oft bereits verloren.

Es ist, als würde ein Kämpfer schon mit voller Kraft zuschlagen, bevor noch der Gegner überhaupt erschienen ist. Die Kosten laufen, aber es kommt noch niemand. Wird schon werden. Rom wurde ja auch nicht an einem Tag erbaut. Endlich ist es dann so weit, die erste Anfrage. »Was, so teuer? Also, mein Bekannter macht das um den halben Preis!« »Gut, ich brauche den Auftrag, weil ich so vieles bezahlen muss. Ich komme Ihnen also entgegen …«
Allen, die es hören möchten, rate ich immer, genau umgekehrt zu handeln. Samen säen, Gelegenheit ergreifen und nicht größenwahnsinnig werden, eine Schwalbe macht noch keinen Sommer. Und die Energie nicht verschleudern, immer der Kampfstärke des Gegners anpassen. Wir wissen nie, wer hinter der nächsten Ecke wartet.

Den richtigen Zeitpunkt erwischen

In einem Buch über die Mafia habe ich einmal gelesen, dass es ein Überlebensprinzip dieser Herren sei, Gäste nur zu Zeiten zu empfangen, die ihnen gelegen wären. Wir alle wissen, es gibt günstige und ungünstige Momente. Wann für mich ein Zeitpunkt gut ist, können Sie natürlich nicht wissen. Wann er für Sie gut ist, allerdings schon.
Ich ganz persönlich bin ein Abendmensch. Wollten Sie bei mir einen geschäftlichen Termin, ich würde Sie nicht vor elf Uhr vormittags bestellen. Das ist einfach die Zeit, ab der ich in der besten Verfassung bin. (Natürlich würde ich Ihnen den wahren Grund für den späten Termin nicht verraten. Es wäre einfach die morgendliche Besprechung mit den Kollegen im Weg.)
Wären Sie mein Vorgesetzter und wüssten um diesen Um-

stand, Sie würden alle für Sie unangenehmen Gespräche mit mir möglichst in die Früh verlegen. Die wenigsten Menschen denken daran, dass es für alles auch einen persönlich richtigen Moment gibt.

Nehmen wir an, Sie möchten, dass Ihr Chef eine Unterschrift leistet, ohne vorher viel nachzufragen und lange zu diskutieren. Aus verlässlicher Quelle haben Sie erfahren, dass er am Mittwoch ein Geschäftsessen mit ausländischen Gästen hat, bei dem üblicherweise auch viel getrunken wird. Das Schreiben am Donnerstag früh zur Unterschrift vorzulegen kann zumindest eine Überlegung wert sein.

Auch ein guter Kämpfer wird seinen Angriff dann beginnen, wenn er selbst bei höchster Konzentration und sein Gegner vielleicht noch abgelenkt ist. »Auch im Einzelkampf zeige äußerlich und innerlich Gelassenheit, nutze dann den Augenblick, in dem die Anspannung des Gegners nachlässt, und sichere dir so durch einen raschen und kraftvollen Hieb Vorteil und Sieg«, heißt es bei Musashi.

Wann laufen Sie zur Hochform auf? Und wann sind Sie am meisten verwundbar? Schreiben Sie es in Ihr Heft.

Die Gelegenheiten, die es zu ergreifen gilt, beschränken sich aber nicht nur auf Augenblicke. Was die Kampfmönche von Shaolin seit ihrem Bestehen ausgezeichnet hat, ist ihre Fähigkeit, aus allem eine Waffe zu machen.

Ich werde nie vergessen, wie einer von ihnen mein Stativ ganz interessiert auf seine kampftechnischen Qualitäten hin untersucht hat. Ein Schütze ohne sein Gewehr ist ebenso wehrlos wie ein Ritter ohne sein Schwert. Um ihn kampfunfähig zu machen, reicht es, ihm seine Hilfsmittel zu entwenden. Ein wirklich guter Kämpfer braucht nichts als sich selbst. Alles andere findet sich. Sei es der Sand vom Boden, den er dem Gegner in die Augen schleudert, der Dreschflegel eines Bauern, den er in eine tödliche Waffe verwandelt, oder ein einfacher Stock, mit dem er sich seine Gegner vom Leib hält.

Ein Kämpfer aus Shaolin ergreift Gelegenheiten, die sein Gegner oft gar nicht sieht. Er weiß, dass sich am Ort des Kampfes alle Mittel finden werden, die er braucht.

Ein Shaolin-Mönch vertraut auf sein Können und das Prinzip der Gelegenheit. Genau das macht ihn für seine Gegner so unberechenbar und gefährlich.
Das Prinzip der Gelegenheit hält aber noch ein weiteres, sehr mächtiges Instrument bereit: die Geduld. »Wer geduldig am Fluss wartet, wird die Leichen seiner Feinde vorbeitreiben sehen«, sagt man in Shaolin.

Die Blauen und die Gelben

Es gibt eine Geschichte vom Volk der Blauen, die mit dem Volk der Gelben Krieg führen. Beide Parteien liegen in ihren Gräben versteckt, so dass die Gegner sie nicht sehen können. Was die Gelben auszeichnet, ist ihre ausgeprägte Ungeduld. Die Blauen wissen darum und beginnen dies zu nutzen. Nach einer langen Zeit der Stille beginnt Offizier Blau 1 laut zu rufen: »Gelb 1, Gelb 1!« Prompt kommt die Antwort: »Ja, hier!«, und die Gelben haben einen Mann weniger. Nachdem sie einige ihrer Männer auf diese Art

verloren haben, beschließen die Gelben, den Gegner mit den eigenen Waffen zu schlagen.
Der Kommandant der Gelben schreit mit lauter Stimme: »Blau 1, Blau 1!« Nichts rührt sich. Ungeduldig wiederholt der Kommandant seinen Aufruf. Endlich, nach dem fünften Mal, eine Stimme aus dem nichts: »Wer hat gerade Blau 1 gerufen?« Der Kommandant springt sofort aus dem Graben und schreit: »Hier! Das war ich …!«

Geduld führt zum Erfolg

Im Kapitel Nachahmung haben Sie gelesen, dass die Mönche des Shaolin Betrunkene imitieren. Je nachdem, wie es die Situation gebietet, verwandeln sie sich auch in vermeintlich schlafende oder erschöpfte Menschen. Alles mit einem Ziel: den unvorsichtig gewordenen Gegner möglichst nahe herankommen zu lassen, um dann blitzschnell zuzuschlagen.
Neben perfekter Nachahmung ist echte Geduld der Weg zum Erfolg. Auch wenn er einen Schlafenden nachahmt, muss der Kämpfer in jedem Augenblick voller Konzentration sein, immer bereit, zuzuschlagen. Gibt er sich aber auch nur einen Sekundenbruchteil zu früh zu erkennen, ist der Gegner gewarnt und der Vorteil dahin. Menschen haben schon jahrelang auf den richtigen Moment gewartet und dann alles verloren, weil sie in den entscheidenden letzten Minuten die Geduld verloren haben. Ein Gegner aber, der Gelegenheit und Ausdauer zu vereinen versteht, ist Meister der Überraschung. Funakoshi Gishin, der Begründer des modernen Karate-Do, beschreibt es so: »Wenn der Adler sich beim Angriff hinabstürzt, hat er die Flügel

nicht ausgebreitet. Kurz vor seinem Sprung auf die Beute macht sich der Tiger ganz klein, hat die Ohren angelegt. Ebenso lässt beim Weisen nichts darauf schließen, dass er an dem Punkt zu handeln angelangt ist.«
Von Miyamoto Musashi ist überliefert, dass ihn eines Tages ein dreizehnjähriger Knabe zum Kampf aufforderte. Kurz zuvor hatte er dessen Vater und Onkel besiegt. Musashi kam lange vor dem verabredeten Termin zum Kampfplatz. Er suchte sich ein Versteck und wartete. Der Junge, der den festen Vorsatz hatte, ihn zu töten, erschien mit schwerbewaffnetem Gefolge, aber Musashi war nirgends zu sehen. Erst als alle bereits glaubten, er hätte sich voller Angst aus dem Staub gemacht, und schon den Rückzug antreten wollten, stürmte Musashi aus dem Schatten hervor und schlug den Knaben nieder. Mit beiden Schwertern bahnte er sich seinen Weg durch die Menge und suchte das Weite. Und während die anderen wohl noch lange diskutierten, was zu tun sei, war der Samurai schon längst über alle Berge.

Handlungsbereit sein

In der Zeit des Kalten Krieges, als sich die Vereinigten Staaten von Amerika und die Sowjetunion als unerbittliche Feinde gegenübergestanden sind, hat mir mein Großvater versucht zu erklären, was genau eigentlich die diktatorisch regierte UdSSR so gefährlich gemacht hat. »Wenn die Amerikaner einen Krieg beginnen wollen, weil der Zeitpunkt günstig ist, dann muss das erst in den Kongress und dann noch hier und dort abgesegnet werden. Dann ist der günstige Zeitpunkt aber schon vorbei. Wenn der Präsident der Sowjetunion sagt, in einer Stunde ist eine gute Gelegenheit, da schlagen wir los, dann passiert das auch so.« Auch wenn ich heute weiß, dass die Sache nicht ganz so einfach ist, habe ich daraus etwas Wichtiges gelernt: Eine fantastische Möglichkeit, den Gegner zu lähmen, ist es, ihn als Teil einer Gruppe anzusprechen. Sie wissen, zehn Leute, elf Meinungen, ewige Diskussionen. »Könnt ihr diesen Auftrag da machen, oder soll besser doch ich ihn übernehmen?« – »Da muss ich die anderen fragen, aber N. ist erst am Mittwoch wieder da.«

Je unflexibler ein Gegener ist, detso ungefährlicher ist er.

Der chinesische Feldherr Sunzi hat einmal gesagt: »Es ist leicht, das Verhalten einer größeren Anzahl von Männern zu durchschauen, weil sie ihre Stellung nicht so rasch verändern können. Ein Einzelner hingegen – er handelt aus einem einzelnen Entschluss heraus – ist fähig zu raschen Veränderungen, die sich nur schwer abschätzen lassen.«
In der Praxis des Kampfes sieht diese Technik folgendermaßen aus: Sie und ich sind Kollegen, und auf die soeben auftretende Gelegenheit haben wir beide lange gewartet. Beide sind wir vorbereitet, aber nur einer von uns kann sie am Ende ergreifen. Grundsätzlich haben Sie die besseren Karten. Wir müssen aber unsere Entscheidung innerhalb einer Minute treffen. Im ausschlaggebenden Augenblick stelle ich die Frage: »Bist du eigentlich sicher, dass dein Partner damit auch wirklich einverstanden ist? Es wäre ja doch für euch beide eine große Veränderung …« Telefonieren können Sie nicht mehr, da reicht die Zeit nicht. Eigentlich haben Sie das ja alles geklärt, aber ich schaffe es, Sie im

entscheidenden Augenblick schwach zu machen. Sie sind aus dem Rennen.
Wenn nämlich Gruppen auch viel mächtiger aussehen und man ihnen daher fälschlich mehr Stärke zutraut, die gefährlicheren Gegner sind einzelne, bewegliche Kämpfer. Ein Einzelner kann kleine Gelegenheiten im Vorbeigehen ergreifen, bei denen die Gruppe in ihrer Trägheit nicht einmal anhalten kann.
Als die Mönche des Shaolin-Tempels im Jahr 621 das erste Mal im Kampf gegen eine übermächtige Armee zu Hilfe geholt wurden, entschied sich der Abt, dreizehn Mönche zu entsenden. Im Verhältnis zu einer Armee eine erstaunlich geringe Zahl. Trotzdem konnte die verteilte Kloster-Truppe mit Hilfe der Bauern und deren zu Waffen umfunktionierten Werkzeugen die Schlacht für sich entscheiden. Wer Chancen ergreifen möchte, muss flexibel sein. Das hat nichts mit Rücksichtslosigkeit zu tun und auch nichts mit Egoismus. Treffen Sie Entscheidungen, während Sie das Ziel auswählen. Aber nicht erst angesichts der Möglichkeit. Da könnte es dann nämlich zu spät sein.

Nicht in Vorbereitungen versanden

Letztlich lehrt uns das Shaolin-Prinzip auch die Notwendigkeit, immer ein Stück weit voraus zu sein. Nicht erst etwas wissen müssen und es dann lernen. Da ist man immer Zweiter.
Wie viele Fähigkeiten besitzen Tiere, die sie vielleicht in ihrem ganzen Leben nie brauchen werden? Sollten sie diese aber jemals benötigen, stehen sie sofort zur Verfügung. Wozu sollte ein Shaolin-Mönch Kung-Fu in derartiger

ÄPFEL ERNTEN, WENN SIE REIF SIND

Beantworten Sie bitte die folgenden Fragen, um mehr über Ihren Umgang mit Gelegenheiten zu erfahren. Wie leicht sind Sie davon abzuhalten, sich bietende Gelegenheiten auch zu ergreifen?

Wann haben Sie schlussendlich verloren, weil Sie kurz vor dem Sieg die Geduld verloren haben?

....

Wie kann man Sie daran hindern, Gelegenheiten zu nutzen, und wann hat das letzte Mal jemand so etwas getan?

....

Welche Gelegenheiten würden zu Ihren Wünschen passen?

....

Welche erhofften Gelegenheiten könnten Sie wirklich ergreifen, würden sich diese in den nächsten zehn Minuten bieten?

....

Wann sind Sie einer Gelegenheit nachgelaufen?

....

Welche Fähigkeiten haben Sie sich angeeignet, nur für den Fall, sie einmal brauchen zu können?

....

Wann hat es sich gelohnt, auf eine Gelegenheit zu warten?

....

Perfektion lernen, wenn es gar keinen ebenbürtigen Gegner gibt? Was immer ihn erwartet, er ist für alles gerüstet. Die meisten Menschen laufen ein Leben lang immer wieder vergebenen Möglichkeiten nach und erkennen das nicht. Bekommt jemand eine Stelle angeblich nur deshalb nicht, weil dort Kenntnisse der UgaUga-Sprache verlangt wurden, beschließt er voller Grimm, umgehend UgaUga zu lernen. Daran soll es ja wohl nicht scheitern. Auch wenn die wirtschaftlichen Beziehungen zum UgaUga-Land sehr bald abflauen, weil AguAgu-Land stark wird, geht er mit seinen UgaUga-Kenntnissen zum nächsten Vorstellungsgespräch. Den Job bekommt der Mitbewerber, der bereits ein paar Worte AguAgu spricht …

»Nicht in alle Ewigkeit«, so sagt ein indisches Sprichwort, »geht, was wir getan, zugrunde. Alles reift zu seiner Zeit und wird Frucht zu seiner Stunde.«

Ergreifen Sie die Gelegenheiten im Vorbeigehen, und leben Sie Ihre glücklichen Träume.

Wenn du deinen Gegner
nicht besiegen kannst,
dann musst du ihn umarmen.

(aus China)

9. Das Prinzip des Nachgebens

Zorn ist der Wind, der das Licht der Vernunft ausbläst.
(Robert Green Ingersoll)

Lerne, dass Nachgeben Verteidigung und gleichzeitig Angriff ist, den der Gegner gegen sich selbst führt

Ein Kapitel über Nachgeben in einem Kapitel über die Stärke, das mag beim Leser einige Fragen aufwerfen. Macht der Autor jetzt einen Rückzieher? Ist denn Nachgeben nicht einfach ein Zeichen von Schwäche? Soll ich jetzt vor meinen Gegnern davonlaufen und ihnen kampflos das Feld überlassen? Mitnichten.
Die Fähigkeit, nachzugeben, ist in unserer Sammlung von erfolgreichen Möglichkeiten, die wir über die letzten Kapitel aufgebaut haben, die universellste und mit Abstand die mächtigste. Dass Nachgeben als Schwäche gesehen wird, zeigt uns außerdem, dass sie zu den verborgenenWaffen gehört. Und da der Gegner nie erkennen kann, wann wir sie einsetzen, ist sie praktisch nicht abzuwehren. Wer weichen kann, so zeigt uns die Natur, wird überleben.
Laotse hat einmal gesagt: »Darum sind Härte und Unbeugsamkeit Gefährten des Todes und Geschmeidigkeit und Zartheit die Gefährten des Lebens. Darum wird ein unbiegsamer Zänker nicht siegen und ist ein unbiegsamer Baum dem Tode verfallen. Mit Unbiegsamkeit und Macht

kommt man nicht weit, mit Geschmeidigkeit und Zartheit kommt man überallhin.«

Stellen Sie sich einmal vor, die Natur hätte die Idee des Nachgebens als Schwäche gesehen und daher bei sich selbst einfach nicht vorgesehen. Alles, woran Sie anstoßen, zerbricht im selben Moment. Sie sind auf einen Grashalm getreten? Der ist jetzt leider kaputt. Auch Ihre schöne Blume hat ein leichter Windstoß zerstört. Warum hätten damals, als es sie noch gab, die Mäuse vor der Katze weglaufen sollen? Und die Zebras vor den Löwen? Natürlich könnte die Maus sich selbst beweisen, kein Feigling zu sein, und sich in den aussichtslosen Kampf mit der Katze stürzen. Was aber hätte sie davon? Die meisten Mäuse ziehen dem Ruhm das Leben vor.

Den Gegner ins Leere laufen lassen

Andere Tiere haben das Prinzip des »Nichtkämpfens« perfektioniert. Ein Igel zum Beispiel hat gar keine Verteidigungstechnik. Möchte ihn jemand zu einem Kampf herausfordern, reagiert er einfach mit totaler Ablehnung. Der Kontrahent wird höchstens viel Energie verlieren, aber irgendwann unverrichteter Dinge wieder abziehen.

Ähnlich funktioniert das auch bei einem menschlichen Gegenspieler. Wer Sie anschreit, beleidigt oder sonst wie provoziert, das haben wir beim Prinzip der Gelassenheit gesehen, möchte Sie in einem Kampf besiegen. Natürlich lassen Sie die Herausforderung in Ihrem Stolz nicht auf sich sitzen und steigen darauf ein. Mit allen bekannten Konsequenzen. Das Shaolin-Prinzip lehrt uns, durch Nachgeben die Energie des Gegners ins Leere laufen zu lassen.

Reagieren Sie einfach nicht. Schauen Sie Ihren Gegner nur an. Er wird sich irgendwann lächerlich fühlen. Wenn Sie ihn dann so richtig wütend machen wollen, um ihn zu wirklichen Fehlern zu verleiten, geben Sie ihm noch zusätzlich recht. Das ist dann die wahre Kunst des Nachgebens.
Widersprechen Sie nicht nur nicht, gießen Sie noch Öl in sein eigenes Feuer. Sagen Sie ihm mit Überzeugung, wie richtig er doch liegt, welch ein Schwachkopf oder was immer Sie denn tatsächlich sind. Genau das will er nämlich nicht hören und wird darauf die Energie seines Angriffs verdoppeln, um Sie zur Verteidigung zu provozieren. Was hätten Sie davon? Also lassen Sie den anderen schreien. Bis seine Energie irgendwann verbraucht ist und er sich mit seinen Aussagen tief in Ihre Schuld gebracht hat.
Eine Voraussetzung gibt es allerdings, damit die in diesem Kapitel beschriebenen Techniken funktionieren.

Ihr Fokus sollte nicht auf den Kampf, sondern auf den Sieg gerichtet sein. Nicht auf das Beweisen des eigenen Mutes, sondern schlicht auf den eigenen Vorteil.

Schlagen wir mit unserer Faust gegen einen harten Gegenstand, wird der Schlag abrupt gestoppt, und ein Teil der Aufprallenergie kehrt bildlich gesprochen in unseren Körper zurück. Ist das Ziel unseres Schlages jedoch anstelle einer Wand ein Vorhang, ist mit einem Mal unsere gesamte Energie verbraucht.

DIE MACHT DES NACHGIEBIGEN

Bevor wir jetzt tiefer in das Prinzip des Nachgebens eintauchen, möchte ich Ihnen demonstrieren, was damit möglich ist. Da Sie für diese Übung einen Partner brauchen, dürfen Sie diese ausnahmsweise auch erst dann durchführen, wenn ein solcher vorhanden ist. Sonst probieren Sie es bitte wie immer sofort.

- Stellen Sie sich mit leicht gegrätschten Beinen fest auf den Boden. Der Abstand zwischen Ihren Füßen sollte ungefähr eine Armlänge betragen. Kippen Sie Ihr Becken leicht nach vorne, so dass es über die Fersen kommt. Schließen Sie die Augen.
- Wie im Kapitel Achtsamkeit beschrieben, konzentrieren Sie sich jetzt auf Ihren Körper. Beginnen Sie bei den Fußsohlen, und fühlen Sie Ihre Verbindung mit dem Boden. Spüren Sie, wie Ihr Gewicht auf dem Boden lastet? Wie Sie beginnen, sich wie ein Baum mit diesem zu verwurzeln? Ehrlich sein, nichts einreden, das bringt nichts. Es kann fünf oder auch zehn Minuten dauern, bis sich dieses Gefühl einstellt. Denken Sie an die Langsamkeit.
- Wenn Sie dann meinen, wirklich fest zu stehen, rufen Sie Ihren Partner. Dessen Aufgabe ist es, ganz vorsichtig zu versuchen, Sie aus dem Gleichgewicht zu bringen.
- Dazu legt er seine flachen Hände oberhalb Ihrer Brust und gibt Ihnen einen ganz leichten, weichen Stoß.
- Falls Sie jetzt versuchen, dem Druck standzuhalten, werden Sie umfallen. Sie sind ein Baum, vergessen Sie das nicht. Fest verwurzelt und doch fähig, nachzugeben.
- Gehen Sie mit der Bewegung mit, weichen Sie ihr nicht aus. Nun steigert der Partner ganz langsam die Kraft der Stöße.
- Nicht dagegenhalten, ausbalancieren lassen. Fühlen Sie die Idee vom Geben und Nehmen, das Prinzip von Yin und Yang?

Yin und Yang

Diese beiden, so lehrt uns das Denken der Asiaten, sind die untrennbar verknüpften Gegenpole des Lebens. Das dunkle Yin ernährt das helle Yang, das feste Yang schützt das weiche Yin. Yin und Yang ergänzen sich immer zu einem vorgegebenen Ganzen. Wo es an dem einen fehlt, muss das andere im Überschuss sein und umgekehrt. Auch wenn sie sich entgegenstehen, enthält Yin das Yang und ist in diesem selbst enthalten.
Yang, so heißt es auch, ist das verändernde Prinzip, das Aktivität hervorbringt. Sein Gegenspieler Yin ist bewahrend und lässt das Passive, das Nicht-Tun entstehen. Der Aktivität eines aggressiven Angreifers muss man das passive Nachgeben entgegenstellen, dem Nichts-Tun eines passiven Gegners die aktive Kraft der Entschlossenheit.
In einem Kampf gibt es nun zwei Wege, die Technik des Nachgebens anzuwenden. Man kann tatsächlich weichen, um die Angriffsenergie des Gegners an einem vorbeizulassen. Man kann das Nachgeben aber auch nur vortäuschen, um selbst Raum zum Angriff zu gewinnen. Das echte Nachgeben, und sei es auch nur für einen kurzen Moment, ist eine stark unterschätzte Möglichkeit, den Verlauf eines Kampfes zu verändern.

Der Boxkampf

Sehen Sie die beiden Boxer da drüben im Ring? Der Ringrichter ist unaufmerksam, und die beiden haben sich ineinander verkeilt. Keiner will loslassen, aus Angst, der andere könnte dann handeln. Nehmen wir einmal an, der Boxer in der roten Hose entschließt sich, es doch zu tun. Er setzt dem

Gegner nicht seine ganze Kraft entgegen, um ihn an der Bewegung zu hindern, sondern gibt nach. Da er derjenige gewesen ist, der den Zeitpunkt bestimmt hat, gibt ihm das eine kurze Verschnaufpause. Er muss keinen Angriff befürchten, denn sein Kontrahent ist durch diese Aktion irritiert und angespannt.

»Was will er jetzt? Wo greift er jetzt an? Und warum hat er jetzt losgelassen?« Hätte der Boxer in der blauen Hose den gleichen Einfall früher gehabt, wäre er jetzt im Vorteil. Aber sehen Sie den roten Boxer jetzt? Er möchte endlich zum vernichtenden Schlag ausholen und mit der ganzen ihm zur Verfügung stehenden Kraft einen Hieb anbringen. Wenn er jetzt trifft, ist es vorbei. Hat der viel kleinere blaue Kämpfer da noch irgendeine Chance? Schauen wir zu.

Der rote Boxer sieht die Chance, diesen Fight durch technischen K.o. zu gewinnen, und weiß um seine körperliche Überlegenheit. Jeder, der sich ihm jetzt in den Weg stellt, ist verloren. Er konzentriert alle Kraft, die er sammeln kann, in diesen entscheidenden Hieb, holt aus, schlägt zu … und kracht mit der ganzen Kraft seines Schlages zu Boden. Der blaue Boxer wollte nicht zeigen, wie viel er denn einstecken kann, sondern den Kampf gewinnen. Was ihm durch das Prinzip des Nachgebens auch gelungen ist.

Nicht mit dem Kopf durch die Wand gehen

Ganz ähnlich verhält es sich auch im Alltagsleben. Man macht einfach einen Schritt zur Seite und lenkt den Angriff ins Leere. Wer mit dem Kopf durch die Wand möchte, wird sich höchstens selbst unschädlich machen. Beim Prinzip der Gelegenheit haben wir gelernt, exakt dann zu handeln, wenn die Zeit dafür gekommen ist. Nicht später, aber auch nicht früher. Einen Menschen, der nicht nachgeben kann, weil ihm sein Stolz wichtiger ist als sein Leben, kann man aber genau dazu verleiten. Er lässt sich dazu herausfordern, sich sehenden Auges die eigene Chance zu zerstören.

»Hast du nicht gesagt, dass du das und das im März endlich machen wirst? Wann tust du es denn endlich? Jetzt erzählst du das schon so lange und hast das schon so oft verschoben. Wir glauben ja, dass du das nie tun wirst, weil du eh zu feig dazu bist ...«

Ein stolzer, unreflektierter Kämpfer wird auf diesen Trick hereinfallen. Um nicht als feig dazustehen, wird er handeln, wohl wissend, dass es einfach zu früh ist. Wer das Prinzip des Nachgebens befolgt, verzichtet auf einen Kampf. Er sagt zu seinen Herausforderern: »Ja, vielleicht habt ihr ja recht, und ich mache es wirklich nie. Aber: Wo ist da euer Problem? Kann mir das mal jemand sagen?« Nein, kann natürlich niemand. Die Sache ist beendet.

Das scheinbare Nachgeben

Noch effizienter, weil fast unmöglich zu erkennen, ist das Prinzip des vorgetäuschten Nachgebens. Obwohl es eine sehr häufig angewandte Praxis ist, dürften nur wenige sie bewusst kennen. Der Trick besteht darin, dem Kontrahenten sehr demonstrativ einen Punkt zu zeigen, an dem man angeblich verwundbar ist. Man gibt also zum Beispiel ganz offen eine entscheidende Schwäche zu. Der Angreifer fühlt sich sicher und wird versuchen, aus dem vermeintlichen Vorteil Kapital zu schlagen. Wodurch er sich selbst außer Gefecht setzt.

Ein praktisches Beispiel: Sie führen mit mir vor Publikum eine Diskussion über ein Thema, in dem Sie sehr beschlagen sind, ich selbst mich aber überhaupt nicht auskenne, was Sie auch ahnen. Die Zuschauer werden nachher einen von uns zum Experten wählen, Sie werden also alles daransetzen, meine Unkenntnis sichtbar zu machen.

Mitten im Gespräch werde ich dann plötzlich sagen: »Da gibt es doch diesen ganz berühmten Mann, der in genau dieser Sache diesen so entscheidenden Satz gesagt hat. Mir fällt jetzt nicht ein, wer das ist …« So es einen solchen Satz und einen solchen Mann gibt, werden Sie mir unverzüglich die Antwort präsentieren und sich im Geiste bereits einen Punkt gutschreiben.

Mein Fehler könnte jetzt darin bestehen, zu sagen: »Ja genau, den habe ich gemeint.« Das Publikum und Sie wüssten beide, dass ich keine Ahnung habe und das jetzt nur sage, um nicht als ganz dumm dazustehen. Mein Angriff wäre also sowohl sinnlos gewesen als auch gegen mich selbst gegangen.

»Gib vor, schwach zu sein, damit der Feind überheblich wird«, schreibt Sunzi in der Kunst des Krieges.

Sage ich aber: »Nein, den kenne ich eh, das ist schon klar. Da gibt es einen anderen, noch viel berühmteren, wie heißt der jetzt schnell …«, habe ich gewonnen. Natürlich gibt es weder einen zweiten Mann noch einen zweiten Satz. Aber das wissen weder Sie noch das Publikum. Beide halten Sie mich jetzt für den Spezialisten, da Sie ja nicht einmal diesen ganz berühmten Professor kennen. Ganz abgesehen davon, dass ich Sie verunsichert habe. Die »Was weiß der Stümper,

das ich nicht weiß? Und vor allem: Wer könnte das sein?«-Gedanken werden Ihre Kampfkraft erheblich schwächen.
Eine wichtige Spielart des vorgetäuschten Nachgebens ist das »vermeintliche Unterlegensein«.

Taktisch »siegen« lassen

Menschen sind so gierig auf die Idee, andere zu besiegen, dass sie mit Ausblick auf diese Möglichkeit alles rundherum vergessen. So zum Beispiel bei Versteigerungen. Ich habe von Leuten gehört, die gebrauchte Gegenstände, die sie gar nicht benötigen, ersteigert haben, zu Preisen, die weit über dem Neuwert lagen. Nur nicht nachgeben.
Aber es geht noch besser. »Wie wäre es mit, sagen wir einmal, drei Prozent Rabatt? Das ist Ihnen zu wenig? Also mehr als fünf Prozent kann ich Ihnen aber nicht geben. Mit zehn Prozent Ermäßigung würden Sie es sofort kaufen? Nein, natürlich kann ich es mir nicht leisten, einen Kunden wie Sie zu verlieren. Ist in Ordnung. Soll ich es einpacken?«
Dass Sie bei mir auch mit zwanzig Prozent Rabatt noch teurer gekauft hätten als im Laden nebenan ohne irgendeine Ermäßigung, ist Ihnen in der Hitze des Gefechts entgangen. Und trotzdem haben Sie einen vermeintlichen Sieg davongetragen.
Meiner war insofern echt, als ich das Ding zum ursprünglichen Preis ohnehin nie angebracht hätte. Schließlich war da ja schon Ihr Rabatt eingerechnet.
Ich habe einmal von einem Süßwarenladen in Amerika gehört, der eines Tages von einer großen Supermarkt-Kette verdrängt wurde. Obwohl auch der neue Eigentümer die Preise nicht verändert hatte, blieben die Kinder als ehe-

malige Hauptkunden plötzlich aus. Nach dem Grund befragt, gaben sie an, in dem kleinen Laden einfach mehr für ihr Geld bekommen zu haben. Tatsächlich hatte der Besitzer des Bonbon-Geschäfts vor dem Wiegen immer etwas weniger in die Säckchen getan und dann noch etwas dazugegeben, die Verkäuferin im Supermarkt tat das genaue Gegenteil und musste wieder etwas aus dem Tütchen herausnehmen. Auch wenn Grafiker im Auftrag etwas gestalten, bauen sie oft einen kleinen Fehler ein. Der ist so offensichtlich, dass er dem Auftraggeber sofort auffällt. Sie geben dem Kunden damit das Gefühl, selbst der »großen« Agentur noch etwas erzählen zu können und sogar den Profis überlegen zu sein.

Das Shaolin-Prinzip lehrt uns, unseren Gegnern immer die Möglichkeit für einen vermeintlichen Sieg zu geben. Oder wie es Sunzi ausdrückt:

»Lasse ein Schlupfloch frei, wenn du eine Armee umzingelst. Das bedeutet nicht, dass es dem Feind erlaubt wird, zu fliehen. Der Grund ist, ihn glauben zu machen, dass es einen Weg in die Sicherheit gibt, um ihn daran zu hindern, mit dem Mut der Verzweiflung zu kämpfen.«

Was viele Menschen in unserer Gesellschaft blind macht für die wahren Absichten ihrer Gegner, ist ihr eigener Stolz. Keichu, so erzählt man sich, ein großer Lehrer des Zen, war der Vorstand einer Kathedrale in Kioto. Eines Tages meldete sich der Statthalter von Kioto zum ersten Mal bei ihm an. Sein Diener überreichte ihm die Karte des Statthalters, auf der stand: Kitagaki, Statthalter von Kioto. »Ich habe mit so einem Kerl nichts zu schaffen«, sagte Keichu zu seinem Diener. »Sag ihm, er hat hier nichts zu suchen.« Der Diener gab die Karte mit Entschuldigung zurück. »Das war mein Irrtum«, sagte der Statthalter, und mit einem Bleistift strich er die Worte »Statthalter von Kioto« aus. »Frag deinen Lehrer noch einmal.« »Oh, ist das Kitagaki?«, rief der Lehrer, als er die Karte sah. »Den möchte ich sehen.«

Ich erinnere mich noch gut, wie mir einmal meine Großmutter den Unterschied zwischen den eingebildeten, wenig erfolgreichen Menschen des Landes A und den sehr erfolgreichen, aber dafür weniger eingebildeten Menschen des Landes B erklärt hat.

»Wenn in Land A«, so führte sie aus, »am Boden ein Fleck aufzuwischen ist, dann ruft der Chef seine Sekretärin an, die dann dem Assistenten sagt, dass er die Reinigungskraft holen soll. Vier Personen sind durch diese eine Aktion gebunden.

Beim selben Fleck im Land B tauscht der Chef sein Sakko mit einem weißen Mantel, wischt den Fleck auf, zieht sein Jackett an und ist wieder Chef.«

Der Kranich und die Schlange

Wer als Novize ins Shaolin-Kloster kommt, beginnt nicht mit dem Training der Kampfkunst.

Zuerst muss er bei bewusst niedrigen Verrichtungen lernen, seinen Stolz zu verlieren. Denn auch in den Kampftechniken von Shaolin spielt das Prinzip des Nachgebens eine bedeutende Rolle. So erzählt man sich, dass eines Tages ein Mönch einen Kranich beobachtete, als dieser gerade mit einer Schlange kämpfte. Der Vogel hackt in schnellem Rhythmus nach der Schlange, ohne sie aber zu erwischen. Diese schnappt nicht zurück, macht auch keine Drohgebärden, sondern weicht mit langsamen, geschmeidigen Bewegungen den Angriffen aus. Der Kranich gibt erschöpft auf und sucht das Weite. Der Mönch sieht in diesem Kampf die alte Idee bestätigt, dass das Weiche das Harte, das Nachgeben den Angriff besiegt. Er entwickelt aus diesem Prinzip des Gegensatzes eine Kampfform, die später als Taijiquan berühmt werden wird.

Lass den Gegner sich selbst besiegen

Stellen Sie sich bitte einmal die folgende Situation vor: Der Abteilungsleiter Ihres Unternehmens ist eine bekannt aggressive Person, vor der sich alle Kollegen fürchten. Er beginnt bei der kleinsten Kleinigkeit zu schreien und macht seine Untergebenen bei jeder Gelegenheit herunter. Da aber die Ergebnisse seiner Abteilung den Erwartungen der Geschäftsleitung entsprechen, ist man dort der Meinung, es mit einem umgänglichen Mitarbeiter und guten Vorgesetzten zu tun zu haben. Trotzdem verspricht die Geschäftsleitung aber, bei einem konkreten Anlass Konsequenzen zu ziehen.

Wenn nun das nächste Mal ebenjener Chef völlig ungerechtfertigt zu schreien beginnt, können Sie auf zwei Arten reagieren. Zum einen mit Verteidigung. Sie brüllen zurück und erklären, was er für ein Idiot sei. Auch wenn Sie eigentlich im Recht sind, könnte diese Sache für Sie böse enden, schließlich haben Sie Ihren Vorgesetzten angeschrien bzw. sich mit ihm auf eine Ebene der Aggression gestellt. Besser ist es, Sie bleiben einfach ruhig. Auch wenn es Ihnen im Moment schwerfällt. Wichtig ist, dass der Chef eine offensichtlich friedfertige, gelassene Person anschreit. Und dass der vorbeikommende Vorgesetzte Ihres Chefs genau diese Situation sieht bzw. sie ihm von Kollegen mitgeteilt wird.

Das Shaolin-Prinzip lehrt uns, dass das Weiche das Harte besiegt. Nachgeben ist eine Form der Verteidigung und gleichzeitig ein Angriff, den der Gegner gegen sich selbst führt.

Die Schachpartie

Jungen Mönchen, welche die Geisteshaltung der Nachahmung erlernen sollen, erzählt man in Shaolin die Geschichte eines jungen Mannes, der sich in ein Zen-Kloster begab. Er erklärte dem Meister: »Ich suche Befreiung, doch ich habe nicht die Ausdauer, irgendetwas lange durchzuhalten. Niemals könnte ich Jahre der Meditation und strenger Zucht ertragen. Gibt es auch für jemanden wie mich einen Weg zur Erleuchtung?«

»Es gibt einen«, sagte der Meister. »Worauf hast du dich in deinem bisherigen Leben am meisten konzentriert?«

Der junge Mann dachte nach. »Eigentlich gibt es nur eine Sache, die mich wirklich interessiert hat. Es ist das Schachspiel. Damit verbrachte ich die meiste Zeit.«

»Gut«, sagte der Meister und ließ nach einem alten erfahrenen Mönch rufen, der ein guter Schachspieler war. Der Mönch kam mit einem Schachspiel unter dem Arm, und der Meister hieß ihn, die Figuren aufzustellen.

Dann sagte er mit seiner ganzen Autorität und indem er ein Schwert zog: »Ihr werdet jetzt eine Partie Schach spielen. Dem Verlierer werde ich den Kopf abschlagen.«

Die Männer spürten, dass es dem Meister ernst war, und sie begannen das Spiel. Der junge Mann bemerkte, wie ihm der Schweiß auf die Stirn trat und wie das Schachbrett, das vor ihm stand, zur ganzen Welt wurde. Er war völlig konzentriert auf jeden Zug. Zu Beginn schien es schlecht um ihn bestellt, doch dann machte sein Gegner einen überhasteten Zug, und er begann die Verteidigungsformation des Mönches systematisch zu zerstören.

Als er eine Figur des Mönches nach der anderen schlug, da sah er verstohlen in dessen Gesicht. Es war das Gesicht eines aufrichtigen Mannes, geläutert durch Jahre der Meditation und des Strebens nach Befreiung. Da kam ihm sein eigenes, wertloses Leben in den Sinn, und eine Welle von Mitgefühl erfasste sein Herz. Absichtlich beging er einen Fehler, dann noch einen.

Da beugte sich plötzlich der Meister nach vorn und stieß das Brett mitsamt den Figuren zu Boden und sagte zu dem Jungen gerichtet: »Es gibt niemals einen Gewinner oder Verlierer. Zwei Dinge sind erforderlich auf dem Weg zur Befreiung: Konzentration und Mitgefühl. Heute hast du beides gelernt. Du warst vollständig konzentriert und hast doch auch Mitgefühl empfunden. Bleibe hier, und schule deinen Geist in dieser Haltung, und auch du wirst Befreiung erlangen.«

DAS WEICHE BESIEGT DAS HARTE

Tief drinnen glauben die meisten Menschen, sehr nachgiebig zu sein. Die Fragen im Anschluss sollen Ihnen zeigen, wo Sie wirklich stehen.

Wo fällt es Ihnen schwer, nachzugeben?

....

Warum?

....

Würden Sie mit jemandem Geschäfte machen, der sich konsequent weigert, Sie mit Ihrem Titel anzusprechen?

....

Wo sind Sie auf »vermeintliches Nachgeben« hereingefallen?

....

Wo haben Sie durch Nachgeben gewonnen?

....

Müssen Sie immer das letzte Wort haben?

....

Finden Sie ein Beispiel, wo das Weiche das Harte besiegt.

....

Wie würde Ihr Gegenpol handeln, wenn er zornig wäre?

....

Teil 3

Lerne zu siegen

Ein weiser Mensch erringt
einen Sieg und belässt es dabei.
Er geht nicht zu Gewalttaten über.

(Laotse)

Die größte Leistung
besteht darin, den Widerstand
des Feindes ohne einen
Kampf zu brechen.

(Sunzi)

10. Das Prinzip der Überlegenheit

Spanne den Bogen, aber schieße nicht los!
Noch gefürchtet zu sein ist wirksamer.
(aus China)

Lerne, dass wahre Überlegenheit die Kunst ist, kampflos zu siegen

Ein König, so erzählt man sich in Shaolin, wollte einen besonders starken Kampfhahn besitzen und gab daher einem der Mönche den Auftrag, einen Hahn entsprechend auszubilden. Dieser lehrte den Hahn zunächst die Technik des Kämpfens.

Nach zehn Tagen fragte der König: »Kann man mit dem Hahn jetzt einen Kampf veranstalten?«, doch der Ausbilder sagte: »Nein, nein! Er ist stark, doch diese Stärke ist leer. Er will immerzu kämpfen. Er ist aufgeregt, und seine Kraft ist unbeständig.«

Zehn Tage später fragte der König wieder: »Nun, kann man jetzt den Kampf beginnen?« – »Nein, nein, noch nicht!«, war die Antwort. »Er ist noch voller Leidenschaft und will immerzu kämpfen. Wenn er einen anderen Hahn hört, selbst aus dem Nachbardorf, so kommt er in Wut und will sich gleich in den Kampf stürzen.«

Nach nochmals zehn Tagen fragte der König erneut: »Geht es jetzt?« Der Ausbilder antwortete: »Jetzt zeigt er keine

Leidenschaft mehr, und wenn er einen anderen Hahn hört oder sieht, bleibt er ruhig. Seine Haltung ist aufrecht, und er zeigt kraftvolle Spannung. Er kommt auch nicht mehr in Wut. Seine Energie und seine Kraft zeigen sich nicht mehr an der Oberfläche.« Beim Turnier waren sämtliche anderen Hähne unfähig, sich dem Hahn des Königs zu nähern. Sie flohen erschreckt. Er brauchte überhaupt nicht zu kämpfen. Er hatte die Stufe der technischen Übung hinter sich gelassen. Er war allen überlegen.

Überlegenheit entsteht im Kopf

Überlegenheit, das muss man wissen, ist keine Eigenschaft, sondern ein Prinzip. Macht ist nicht etwas, das man wie eine Auszeichnung bekommt. Sie ist etwas, das man sich nimmt. Und etwas, das im Kopf wohnt.

Ich will Ihnen ein Beispiel geben. Sie und ich, nehmen wir das einmal an, besitzen beide eine Villa. Wir sind beide sehr reich, beide Häuser wirken gleich wertvoll, sind prächtig ausgestattet und wirken für Kriminelle gleich attraktiv. Das Einzige, was einen Einbrecher vielleicht bei der Auswahl seines Einbruchsobjekts beeinflussen könnte, ist ein hartnäckiges Gerücht.

In meinem Haus, so erzählt man sich im Dorf, lebt ein höchst aggressiver Kampfhund, der bereits einmal einen Dieb zerfleischt hat. Welches Haus, glauben Sie, wird wohl als Nächstes aufgebrochen werden? Ich habe keinen Kampfhund, und er hat auch keinen Menschen getötet. Das Gerücht, das ich in die Welt gesetzt habe, reicht. Ich habe dem Einbrecher meine Überlegenheit demonstriert. Aller Voraussicht nach wird er Ihre Villa besuchen.

NIEMAND IST UNBESIEGBAR

Als Sie die Überschrift dieses Kapitels gelesen haben, haben Sie sich wahrscheinlich gefragt: Wie kann Überlegenheit ein Prinzip sein? Wie sollte ich jemandem, der über mir steht, überlegen sein können? Bevor wir uns jetzt mit dieser Frage auseinandersetzen, nehmen Sie bitte Ihr Heft.

- Nehmen Sie Ihr Heft quer, und unterteilen Sie eine Doppelseite in drei Spalten.
- In die linke Spalte notieren Sie die Namen von drei Personen, von denen Sie glauben, dass diese Ihnen überlegen sind.
- In die zweite Spalte notieren Sie, was diese Personen jeweils auszeichnet. Sind sie besonders stark, besonders reich, haben sie besonders viele Titel, oder sind sie besonders skrupellos? Finden Sie bitte pro Person fünf solcher Eigenschaften.
- In die dritte Spalte schreiben Sie schließlich, wie man diese Menschen besiegen kann. Jemanden, der besonders kräftig zuschlagen kann, mit dem Prinzip des Nachgebens besiegen, den Reichen mit seiner Gier.

Überlegen Sie gründlich. Niemand ist unbesiegbar. Welche dieser angeblichen Eigenschaften haben Sie eigentlich wirklich überprüft?

Vor einigen Jahren habe ich mit zwei Shaolin-Mönchen ein Jugendheim besucht. Die Mönche gaben ihr Bestes, die Jugendlichen verfolgten die Vorführung mit offenen Mündern. Bei der anschließenden Gesprächsrunde wollte schließlich ein junger Mann wissen, was es heißt, so gut kämpfen zu können, dass man nicht kämpfen muss.
»Keiner der beiden Mönche hat dich berührt«, war meine Antwort. »Würdest du einen von ihnen zum Zweikampf fordern?« Warum, so fragen Sie sich jetzt vielleicht, nehmen sich dann nicht mehr Menschen einfach Macht, wenn es doch angeblich so einfach geht?

Unterlegenheit ist bequem

Weil es viele einfach gar nicht wollen. Zu anderen aufschauen hat nämlich eine Menge vermeintlicher Vorteile. Man muss nicht selber denken. Man führt Anweisungen aus, die andere einem erteilen. Man muss die Entscheidungen nicht verantworten. Schließlich haben ja andere sie getroffen. Man hat seine Ruhe und muss außerdem nicht ständig kämpfen.
Doch wie so vieles ist auch das Prinzip des Kampfes eine Idee der Natur, die tief in uns verankert ist. Moralisch gesehen, ist Kampf grundsätzlich weder gut noch schlecht. Die Natur denkt nicht in solchen Kategorien. Ein Tier, dessen Territorium ein unerwünschter Gast betritt, wird diesen, ohne zu zögern, attackieren. Daher haben wir auch Respekt vor diesen Tieren und betreten ihr Gebiet im Normalfall eben nicht. Auch zu Menschen, denen man Macht und Stärke nachsagt, schauen viele, ohne zu überlegen, auf und lassen sich von ihnen unter Druck setzen. Beispiel?

Sie haben den ohnehin lächerlichen Betrag von zwanzig Euro nicht bezahlt, weil Sie wissen, dass die Forderung tatsächlich ungerechtfertigt ist. In Ihrer Post finden Sie ein Schreiben, in dem steht: »Wenn Sie das Geld nicht bald zahlen, mache ich eine Klage beim Gericht, und dann müssen Sie das mit Zinsen bezahlen.« Der Brief landet im Papierkorb. Sie denken: »Soll er doch, wenn er glaubt. Ich glaube nicht, dass ein Gericht für zwanzig Euro aktiv wird.«

Keine Angst vor »Papiertigern«

Gleiche Situation, anderer Schrieb: »Namens meiner Mandantschaft fordere ich Sie hiermit letztmalig auf, den aushaftenden Betrag in Höhe von Euro 20,07 zuzüglich Mahnspesen und Bearbeitungsgebühr, gesamt also Euro 57,62, unverzüglich auf unser Konto zur Anweisung zu bringen. Anderenfalls werden wir ohne weitere Ankündigungen den Betrag auf dem Wege einer Mahnklage einbringen.«
Und? Zahlen Sie noch immer nicht? Was soll man mit einem Anwalt streiten; wenn das dann wirklich zu Gericht geht, wer weiß, was der für Beziehungen hat, denken Sie. Aber Sie schulden den Betrag doch gar nicht! Dass es sich beim Verfasser des zweiten Schreibens auch um einen Buchautor handeln kann, haben Sie seit dem Kapitel Achtsamkeit gelernt. Dass diese Art, Menschen unter Druck zu setzen, für viele eine gute Geldquelle ist, spätestens jetzt. Wir müssen uns nur entschließen zu handeln.
Als ich als frischer Selbstständiger meine ersten Aufträge abzurechnen hatte, war das jedes Mal ein großes Theater. Erst einmal musste der richtige Zeitpunkt gefunden wer-

den. Lieber Kunde, dürfen wir bitte jetzt abrechnen? Ist der Auftrag denn überhaupt schon erfüllt? Möchte der Kunde vielleicht noch Änderungen, bevor wir abrechnen dürfen? Jeden Posten auf der Rechnung habe ich überprüft. Ist er gerechtfertigt? Nicht zu teuer?

Bis ich schließlich begonnen habe, mich an jenen zu orientieren, die mir offensichtlich überlegen waren. »Drei Minuten telefonische Beratung? Gerne doch. Die Rechnung ist schon unterwegs. Wenn es Ihnen zu teuer ist, Sie müssen ja nicht mehr anrufen.«

Wer überlegen sein will, muss bereit sein zu kämpfen. Er muss aufhören, daran zu glauben, dass seine Gegner moralisch handeln, und akzeptieren, dass es eben oft nicht so ist. Und er muss so gut kämpfen lernen, dass er irgendwann nicht mehr kämpfen muss.

Überlegenheit braucht keine Bestätigung

In den letzten Kapiteln haben Sie viel über menschliches Verhalten gelernt. Eine Eigenschaft, die besonders stark verwundbar macht, ist dabei immer wieder vorgekommen: der Stolz.

Zur Erinnerung: Wenn ich Ihnen sage, es freut mich, dass Sie wohl als einer der wenigen mein Buch auch wirklich verstehen, macht Sie das sehr wahrscheinlich stolz. Sie stolz machen zu können freut mich und ist per se auch nichts Schlechtes. Wenn Sie aber in der Zukunft meine Bücher gegenüber den Büchern anderer Autoren bevorzugen, weil die Ihnen das nicht gesagt haben, ist es mir gelungen, Sie zu manipulieren. Das Shaolin-Prinzip lehrt, uns aus unserem tiefsten Innersten gut zu fühlen.

Nehmen wir an, Sie finden es, warum auch immer, einfach toll, sich Ihre Haare grün-blau gestreift zu färben. Gesellschaftlich sind Sie in einer Position, dass Sie sich das erlauben können. Ihnen gefällt Ihre neue Frisur, aber die Menschen auf der Straße schauen Sie komisch an, Bekannte lassen verächtliche Bemerkungen fallen. Der Machtkampf beginnt. Die »Ist ja eigentlich auch verständlich. Es gehört sich ja doch wirklich nicht, oder? Das kann man vielleicht im Urlaub machen, aber nicht hier«-Gedanken beginnen. Darf ich Sie fragen, was Sie die Meinung der anderen interessieren muss?

Wer von fremdem Lob abhängig ist, ist angreifbar. Ihm werden immer jene überlegen sein, denen er um jeden Preis gefallen möchte.

Ihnen gefällt Ihr Haar, wie es ist. Weil Sie aber meinen, es sei wichtiger, jemand anderem zu entsprechen als sich selbst, färben Sie Ihre Haare wieder zurück. Und haben im selben Moment den Kampf verloren. Die anderen haben ihre Macht über Sie erfolgreich bewiesen.

Was das mit Macht zu tun hat? Mal ganz ehrlich: Welchen Grund gibt es, sich über die Frisur eines anderen Menschen zu ärgern? In Wirklichkeit gar keinen. Aber sehr wohl gibt es Menschen, die sich daran stören, dass andere aus dem strengen Korsett der Gesellschaft auszubrechen versuchen. »Ich traue mich das nicht, obwohl ich es gerne tun würde, da darf es wer anderer auch nicht tun.« Wirken die »Ausbrecher« jetzt unterlegen, bricht bei den anderen der Kampfinstinkt aus. In Wirklichkeit geht es den Angreifern nämlich gar nicht um die Frisur. Tritt eine Woche später ein Popstar auf, der seine Haare exakt gleich gefärbt hat, jubelt man dem Genie zu und bewundert seine ausgefallene Haarpracht. »Natürlich darf er das! Er ist doch ein Popstar! Außerdem brauchen wir nicht einmal daran zu denken, ihn zu attackieren. Der ist uns überlegen.«

Schreiben Sie in Ihr Heft, was Sie von diesem Popstar unterscheidet. Um Missverständnisse zu vermeiden: Wenn Sie um der Provokation willen provozieren, dann haben Sie etwas falsch verstanden. Lesen Sie noch einmal die vorderen Kapitel.

Überlegenheit bedeutet, den Kampf zu gewinnen, bevor man überhaupt das Schlachtfeld betritt. Sie haben gesehen, dass Menschen Macht über uns bekommen, weil sie sich diese nehmen und wir sie ihnen geben.

»Nicht der Wind«, sagt man in China, »sondern das Segel bestimmt die Richtung.« Eine interessante Sache, an der man diese Idee sehr gut erklären kann, sind Machtsymbole. Es gibt Tierarten, die sich, wenn sich ein vermeintlich übermächtiger Gegner nähert, einfach tot stellen. Sie liefern sich wehrlos der Gefahr aus und hoffen, dass sie vorbeigeht. Möchte man solche Tiere fangen, muss man ihnen nur auf eine Art drohen, die sie erkennen.

So verhält es sich auch bei den Menschen. Sie lassen sich von der Maske des Handelnden blenden und vergessen dabei, selbst zu agieren. Ein Mensch in einem Anzug oder in einer Uniform erscheint uns als Autorität, die unser Denken und unsere Verteidigung lähmt. Wir haben so viel Angst vor der vermeintlichen Macht dieses Menschen, dass wir seine Anordnungen ausführen. Was ich daran nicht verstehe, ist, dass

Anzüge und Uniformen in jedem Geschäft für jedermann zu bekommen sind. Sie sagen also rein gar nichts über ihren Träger aus. Erinnern Sie sich noch an den Schaffner?
Auf meinen Reisen durch Asien fahre ich oft mit dem Nachtzug. Einmal werde ich mitten in der Nacht sehr unsanft geweckt. Zwei bewaffnete Uniformierte stehen mir drohend gegenüber und wollen, dass ich für irgendetwas bezahle, das ich nicht verstehe. Es geht um Platzkarten oder so. Ich weigere mich zu zahlen, die beiden werden immer aggressiver und drängen auf das Geld. Erst als ich Stift und Papier nehme und demonstrativ die Dienstnummern aufschreibe, beruhigt sich die Sache sofort. Es sei wohl ein Missverständnis gewesen und eh alles in Ordnung, murmelt einer der beiden. Und weg sind sie.

Machtsymbole sind oft nur Kulisse

Wir dürfen uns von Machtsymbolen nicht blenden lassen und müssen uns entschließen zu handeln. Die Steigerungsform von Uniformen in Bezug auf Machtausübung sind Ausweise.
Es handelt sich hierbei um ein wichtig aussehendes Stück Papier mit einem Foto und möglichst vielen Stempeln. Darauf ist vermerkt, wer die Person, die den Ausweis vorzeigt, angeblich ist und was sie daher darf. Ein Ausweis gibt seinem Träger oft uneingeschränkte Macht. Aber Menschen lieben Ausweise. Dienstausweise, Kontrollausweise, Presseausweise. Mein Laserdrucker erzeugt sie alle.
Einmal habe ich in Asien in Ermangelung eines Presseausweises meinen Blutspendepass zu einem solchen umfunktioniert. Passbild einkleben, Unterschrift drauf, fertig.

Woher sollte ein asiatischer Beamter wissen, wie so etwas bei uns aussieht? Natürlich ist es mit einem Ausweis alleine nicht getan. Überlegene Menschen treten auch entsprechend auf. Läute ich zaghaft an Ihrer Türe, warte ängstlich im Treppenhaus, bis Sie endlich öffnen, und weise mich dann schüchtern als Mitarbeiter der Behörde XY aus, der Ihre Wohnung durchsuchen darf, Sie werden zumindest zweifeln. Mit etwas Pech recherchieren Sie sogar, dass es diese Behörde gar nicht gibt. Anders schon, wenn ich laut an die Türe poche, schneller in Ihrer Wohnung bin, als Sie öffnen können, und nur im Vorbeigehen meinen Ausweis zeige. Natürlich kontrollieren Sie diesen nicht. Er könnte ja echt sein! Ja und? Haben Sie kein Recht darauf, zu wissen, wer in Ihre Wohnung kommt?

Macht bekommt man nicht, man nimmt sie sich.

Die Perfektion dieses Prinzips habe ich einmal in Nepal erlebt. Auf dem Flughafen kam eine Gruppe an, die gerade einen sehr hohen Berg bestiegen hatte. Dazu braucht man in Nepal eine spezielle Erlaubnis, die auf einem Stück Papier ausgestellt wird.

Bevor nun besagte Gruppe den Zoll passieren konnte, sammelte ein Mann in einer Phantasieuniform genau diese Permits ein. Bitten und Betteln setzte ein, ob man sie nicht als Souvenirs behalten könne – kurz darauf gehen die Bergsteiger um 20 Dollar leichter, aber mitsamt den Permits durch den Zoll. Die Moral von der Geschichte? Natürlich muss man diese Bestätigungen in Wirklichkeit gar nicht abgeben. Aber durch Frechheit lässt sich fast jeder besiegen. Das besondere Kennzeichen der Überlegenheit ist, dass sie einen Gegenpol, einen Unterlegenen braucht. Das bedeutet jetzt nicht, dass wir andere Menschen unter uns stellen sollen. Das würde dem Shaolin-Prinzip widersprechen. Es heißt aber sehr wohl, dass jene, die wir als überlegen betrachten, genau das tun. Und wir es sehenden Auges auch zulassen.

Nehmen Sie bitte Ihr Heft, und versetzen Sie sich in die folgende Situation. Jemand, den Sie als überlegen betrachten, tut Ihnen ganz offensichtlich unrecht. Sie aber glauben, sich gegen diese Person nicht wehren zu können. Daher sehen Sie sich außerstande, die Angelegenheit richtigzustellen. Wovor genau fürchten Sie sich eigentlich? Notieren Sie das bitte. Dann schreiben Sie daneben, was der Betreffende Ihnen tatsächlich tun könnte.

Die Angst vor dem »Chef«

Wer von seinem Vorgesetzten zum Rapport gerufen wird, weil dieser angeblich mit der Arbeit nicht zufrieden ist, hat meistens schon ein schlechtes Gefühl. Selbst wenn er weiß, die Arbeit absolut ordentlich erledigt zu haben.

Er gibt damit seinem Kontrahenten Macht und verschafft ihm damit, ohne es zu wollen, einen gewaltigen Vorteil. Das Prinzip der Überlegenheit lehrt uns, die wahre Kampfstärke des Gegners zu sehen und auf genau diese zu reagieren. Was könnte der Chef wirklich tun? Auch wenn die wahre Absicht des Vorgesetzten vielleicht in diese Richtung zielt, Gehaltskürzung oder Kündigung scheiden bei ordentlicher Arbeit schon gesetzlich aus. Schlagen wird er Sie nicht und anschreien auch nicht. Er kann Ihnen höchstens

sagen, dass Sie seiner ganz persönlichen Meinung nach einfach fürchterlich schlechte Arbeit machen. Und das halten Sie aus, oder?
Ihr Vorgesetzter, der einen gebückten Gesprächspartner erwartet hat, wird ziemlich irritiert sein, plötzlich nicht mehr der Überlegene zu sein.

»Beim Anblick des erhobenen Schwertes lässt euch die Hölle erzittern. Doch bewegt euch direkt darauf zu, und ihr werdet das Land der Glückseligkeit finden«, schreibt Sunzi.

Bis vor einiger Zeit gab es an Grenzen Zollbeamte, die offensichtlich ihren Spaß daran hatten, Reisende zu schikanieren. Ich weiß schon, dass auch diese Leute nur ihre Arbeit tun, aber man kann auch dabei zu weit gehen.
Einmal kam ich an eine Grenze, an der mich ein offensichtlich gelangweilter Beamter erwartete. Mürrisch deutete er mir, auszusteigen und den Kofferraum zu öffnen. Mir war sofort klar, dass es hier um Macht ging, und ich wusste auch, dass jeder Widerstand oder auch jedes offensichtliche Anzeichen von Eile nach hinten losgehen würde. Mancher soll schon fünf Stunden an so einer Grenze verbracht haben. Mit übertriebener Fröhlichkeit verließ ich den Wagen, öffnete den Kofferraum und sofort einen Koffer und fragte den Beamten, was ich ihm sonst noch zeigen dürfe. Er war von meiner Reaktion so verblüfft, dass er keine weiteren Forderungen mehr stellte. Keine drei Minuten später war der Spuk vorbei.
Das Shaolin-Prinzip lehrt uns, Überlegenheit zum Prinzip zu machen. Auch ein vermeintlich schwacher Kämpfer

SOUVERÄNER WERDEN

Überprüfen Sie anhand der folgenden Fragen Ihren Zugang zum Thema Macht und Überlegenheit. Wo gäbe es da noch etwas zu verbessern?

Was bedeutet für Sie Überlegenheit?

....

Was bedeutet Macht?

....

Wem meinen Sie, überlegen zu sein?

....

Warum?

....

Was müssten diese Personen ändern, damit sie Ihnen überlegen sind?

....

Wo hat Sie jemand besiegt, indem er sich einfach Macht genommen hat?

....

Wo sind Sie durch Frechheit besiegt worden?

....

kann einen vermeintlich starken Gegner besiegen, wenn er diesem ohne Angst begegnet.

Der Affe und der Kranich

In Shaolin gibt es die Geschichte von einem betagten Meister, der eines Tages beobachtete, wie ein großer Affe über einen Kranich herfiel. Der Vogel, der keinerlei Angst zeigte, versetzte dem Gegner einen kräftigen Schlag mit einem Flügel. Dann hüpfte er auf das andere Bein, schlug erneut mit dem Flügel zu und hackte blitzschnell dem Affen ein Auge aus. Schreiend vor Schmerz rannte der Affe in den Wald. Der Kranich putzte sich die Flügel und flog gen Himmel.

Gerade die Idee der Überlegenheit hat bei den Mönchen einen hohen Stellenwert. Wird ein Meister von seinem Schüler im Kampf besiegt, bleibt zwar sein Prestige erhalten, aber er kann sich nicht mehr als dessen Meister betrachten. So müssen die Mönche bis ins hohe Alter in Form bleiben.

Berühmt wurde der Patriarch Lin Wo. Er konnte dreißig ausgebildete Kämpfer hintereinander abwehren, ohne selbst einen Schlag einzustecken. Wahre Überlegenheit aber, so lehrt uns das Shaolin-Prinzip, ist im Kopf.

»Die größten Meister«, hat Laotse gesagt, »sind jene, die von ihren Schülern übertroffen werden.«

Aber das muss nicht im Kampf sein. Denn der wirklich Überlegene muss nicht kämpfen, um zu siegen.

Unveränderbar –
dann bleibt dein Herz
gefesselt für ewige Zeit.

(Ryôkan)

11. Das Prinzip des Sich-lösen-Könnens

Indem man loslässt, geschieht alles wie von selbst.
Die Welt wird gemeistert von jenen, die loslassen.
(Laotse)

Lerne, dich von übernommenen Meinungen zu lösen und deine eigenen stets aufs Neue zu prüfen

Als Alexander der Große vor der Herausforderung stand, die durch einen kunstvollen Knoten verbundene Deichsel vom Zugjoch eines Wagens zu trennen, musste ein ungewöhnlicher Zugang her. Viele kluge und starke Männer waren bereits an der Aufgabe gescheitert. Alexander löste sich von allen bis dahin versuchten Methoden und zerschlug den Knoten einfach mit seinem Schwert.

Denken Sie sich einmal in diese Situation: Eines Tages stehen sich ein schlechter, ein mittelmäßiger und ein hervorragender Pistolenschütze bei einem Dreikampf gegenüber. Der schlechte Schütze trifft bei jedem zehnten Schuss, der mittelmäßige bei jedem zweiten und der hervorragende bei jedem Schuss.

Der Dreikampf ist auf zwei Runden angelegt. Geschossen wird der Reihe nach. Verabredet ist, dass der schlechte Schütze den ersten Schuss abgeben darf, dann soll der mittelmäßige schießen, schließlich der hervorragende. Und nach der ersten Runde wieder in dieser Reihenfolge. Was soll der schlechte Schütze jetzt tun?

Wenn Sie meinen, auf diese Frage eine Lösung gefunden zu haben, treten Sie einen Schritt zurück, und versuchen Sie, eine noch bessere zu finden. Schreiben Sie Ihre Idee bitte in Ihr Heft.

Möchte der schlechte Schütze überleben, so ist er am besten beraten, in die Luft zu schießen. Der mittelmäßige Schütze, der als Nächstes an der Reihe ist, wird in jedem Fall auf den hervorragenden zielen, da er Angst hat, von diesem als Nächster getroffen zu werden. Trifft er diesen, ist wieder der Schlechte dran. Falls er danebenschießt, wird der Meisterschütze zuerst einmal den Mittelmäßigen ausschalten, da er sich dem schlechten Schützen gegenüber überlegen fühlt. Der trifft ja nur bei jedem zehnten Schuss.

Das elfte Shaolin-Prinzip lehrt uns, in jeder Situation ganz von vorne zu beginnen. Es lehrt uns, dass wir uns immer wieder von allem, was wir zu wissen glauben, von vermeintlich erprobten Verfahren und von vorgefertigten Lösungen trennen müssen.

In beiden Fällen hat der schlechte Schütze einen Gegner weniger und damit einmal die erste Runde mit Sicherheit lebend überstanden.
Hätte er aber, wie Sie es wohl angenommen haben, gleich einmal auf jenen geschossen, der bei jedem Schuss trifft, und diesen vielleicht auch getötet, wie wäre die Sache wohl dann ausgegangen?

Der Handwerker und der Kaiser

In Shaolin gibt es die Geschichte von einem Meisterhandwerker, der vom Kaiser beauftragt wurde, einen Schrank für das Schlafzimmer im Palast herzustellen. Der Handwerker, ein Zen-Mönch, sagte dem Kaiser, dass er fünf Tage nicht in der Lage sein werde, zu arbeiten. Die Spione des Kaisers sahen, dass der Mönch die ganze Zeit herumsaß und scheinbar nichts tat. Dann, als die fünf Tage vorbei waren, stand der Mönch auf. Innerhalb dreier Tage fertigte er den außergewöhnlichsten Schrank, den je jemand gesehen hatte. Der Kaiser war gleichzeitig so zufrieden und so neugierig, dass er den Mönch zu sich kommen ließ und ihn fragte, was er während der fünf Tage vor dem Beginn seiner Arbeit gemacht hatte. Der Mönch antwortete:

»Den ganzen ersten Tag verbrachte ich damit, jeden Gedanken an Versagen, an Furcht, an Bestrafung, falls meine Arbeit dem Kaiser missfallen sollte, loszulassen.

Den ganzen zweiten Tag verbrachte ich damit, jeden Gedanken an Unangemessenheit und jeden Glauben, dass mir die Fertigkeiten fehlen könnten, einen dem Kaiser würdigen Schrank zu fertigen, loszulassen.

Den ganzen dritten Tag verbrachte ich damit, jede Hoffnung und jedes Verlangen nach Ruhm, Glanz und Belohnung, falls ich einen Schrank fertigen sollte, der dem Kaiser gefallen würde, loszulassen.

Den ganzen vierten Tag verbrachte ich damit, den Stolz, der in mir wachsen könnte, falls ich in meiner Arbeit erfolgreich sein sollte und das Lob des Kaisers empfangen würde, loszulassen.

Und den ganzen fünften Tag verbrachte ich damit, im Geist die klare Vorstellung dieses Schranks zu betrachten, in der

Gewissheit, dass sogar ein Kaiser ihn sich wünschte, so, wie er jetzt vor Euch steht.«

Erkennen Sie Ihre Vorurteile

Fragt man einen beliebigen Menschen, ob er oder sie Vorurteile hätte, kommt meistens ein klares »Nein« zur Antwort. Jeder ist doch unvoreingenommen und objektiv! Wirklich? Nehmen wir einmal an, ich zeige Ihnen ein Foto, das viel zu dunkel und offensichtlich unscharf ist. Das Bild, so erfahren Sie, hat ein alter Herr aufgenommen, der auf die 80 zugeht. Sehe ich Sie anerkennend nicken? Für einen so alten Menschen ist das aber tatsächlich nicht schlecht. Natürlich hat das Bild technische Mängel, aber darüber sollte man in diesem Fall wohl hinwegsehen. Schön ist es jedenfalls nicht.

Ganz ehrlich: Wenn ich Ihnen dann verrate, dass der alte Mann einer der berühmtesten Fotografen der Welt ist, sehen Sie das Bild noch immer so? Oder erkennen Sie plötzlich, dass Fehlbelichtung und Unschärfe einfach genial eingesetzte Gestaltungselemente sind? Ein solcher Meister wird doch wohl wissen, was er tut!

Sie beurteilen also das exakt gleiche Foto anders. Besser. Warum eigentlich? Doch Vorurteile? Schreiben Sie die Antwort in Ihr Heft.

In seinem Buch »In eisige Höhen«, in welchem er als Augenzeuge das Drama am Mount Everest 1996 beschreibt, zeigt Jon Krakauer auf, dass sich lösen zu können manchmal Leben retten kann. Beim Abstieg vom Gipfel erkennt

er einen der Bergführer, welche die Gruppe begleitet haben. Obwohl sich der Mann sehr eigenartig verhält, denkt Krakauer nicht daran, dass dieser ein Problem haben könnte. »Wäre ich ihm unter anderen Umständen begegnet«, wird er später schreiben, »mir wäre sofort klar gewesen, dass ihm Sauerstoff fehlt. So war er einfach unser erfahrener Guide, zu dem wir irgendwie natürlich aufgeschaut haben. Und ich wäre nicht im Traum auf die Idee gekommen, dass so jemand in Schwierigkeiten geraten könnte.«
Diese falsche Einschätzung endete für Andy Harris leider tödlich.

Vorurteile sind Waffen in der Hand des Gegners

Für einen Gegner sind vorgefertigte Meinungen etwas sehr Wichtiges. Sie sind wie Anfasser, an denen man den Kontrahenten packen kann, um ihn dorthin zu schieben, wo man ihn gerne hätte.
Und das wirklich Tolle aus der Sicht unserer Herausforderer ist, dass Vorurteile nie überprüft werden. Sagen wir mal, Sie wären gerade dabei, eine wunderschöne Jacke, die auch ich sehr gerne kaufen würde, extrem günstig zu erstehen. Sagen wir weiters, ich wüsste, wie sehr Sie Menschen der Gruppe X ablehnen. Sie haben die Jacke schon in der Hand, wollen gerade bezahlen. »Sag mal, die hat aber sicher so ein X-Mensch hergestellt. Das ist doch deren typisches Muster, oder?« Das sollte reichen, die Jacke kaufe ich.
Auch wenn mit Sicherheit kein X-Mensch das gute Stück entworfen, geschweige denn hergestellt hat, Ihre Ablehnung gegenüber dieser Personengruppe ist stärker. Und Sie sehen, was Sie sehen sollen.

So funktioniert das bei allem. Wenn von Gruppe A, dann gut; wenn von Gruppe B, dann schlecht. Wie sonst wäre es zu erklären, dass es für viele einen Unterschied macht, ob bei einem schrecklichen Unglück mit über 300 Toten auch Angehörige ihrer eigenen Nationalität ums Leben gekommen sind? Und wenn die Menschen aus dem Land Z sind, ist es ja überhaupt nur halb so schlimm.

Wenn Sie aber beide nicht gekannt haben: Wo liegt der Unterschied zwischen einem toten Deutschen, Schweizer oder Österreicher und einem toten Nigerianer? Schreiben Sie das bitte in Ihr Heft.

Überhaupt gibt es bei jedem Menschen viele Begriffe, die ihn unbewusst urteilen lassen. Das beginnt damit, dass wir eine Vorstellung haben, wie jemand mit einem bestimmten Namen wohl aussieht. Solange wir diese Person nur aus Erzählungen kennen, hat sie für uns eben dieses Gesicht. Wir mögen sie oder lehnen sie ab, ohne Näheres über sie zu wissen, einfach nur aufgrund ihres Namens.

Denken wir uns eine Person namens Hans-Peter. Jemand, dessen verhasster Stiefonkel den gleichen Namen hat, wird dieser nicht ohne negative Emotionen begegnen. Ist Hans-Peter jedoch der beste Freund des Hauses, wird auch unserer Person ein warmer Empfang garantiert sein.

Es müssen aber nicht zwingend Menschen sein, mit denen Sie Gefühle verbinden. Würden Sie mich als Nichtbergsteiger auf die »Teufelskralle« begleiten? Kaum. Das klingt doch schon hoch und gefährlich! Es kann sich auch um Farben, Gerüche, Gegenden oder Musik handeln, die bei Ihnen Emotionen verursachen und Ihr Urteil trüben.

Wann immer Sie in der Zukunft so etwas entdecken, kehren Sie es im Geist einmal um. Stellen Sie sich Gutes schlecht und Schlechtes gut vor.

Finden Sie bitte fünf Begriffe oder Namen, mit denen Sie Gutes oder Schlechtes assoziieren. Notieren Sie diese, und schreiben Sie auch jeweils dazu, warum das so ist. Dann versuchen Sie, sich genau den gleichen Begriff mit den gegenteiligen Eigenschaften vorzustellen. Ich meine jetzt nicht, den guten Hans-Peter böse, sondern irgendeinen Hans-Peter mit negativen Eigenschaften. Wie könnte so jemand aussehen?

Falls der Name einer Person so stark in Ihnen eingebrannt ist, dass Sie mit jemand anderem nur aufgrund dieser Namensgleichheit nicht warm werden können, geben Sie diesem einfach einen Kosenamen.
Wenn Sie der Meinung sind, ein Essen könne Ihnen nicht schmecken, weil dies und das drinnen ist, vergessen Sie das einfach. Kosten Sie es, als wüssten Sie nichts von den Zutaten. Und zwar jedes Mal aufs Neue.

Manches wird früh »eingeimpft«

Das erste Mal mit vorgefertigten Meinungen konfrontiert werden viele Menschen bereits im frühen Alter. Viele Kinder lernen, alles, was von Erwachsenen kommt, als richtig anzusehen. Es geht ihnen so sehr in Fleisch und Blut über, dass sie selbst im Alter nicht mehr in der Lage sind, diese Meinungen einer kritischen Prüfung zu unterziehen. Es entwickeln sich somit starre Verhaltensmuster.

Schreiben Sie bitte in Ihr Heft fünf Meinungen, Vorurteile oder vermeintliche Fakten, die Sie von Ihren Eltern, Lehrern oder anderen Bezugspersonen ungeprüft übernommen haben. Und schreiben Sie bitte auch dazu, warum Sie diese so sicher für richtig halten. In einer stillen Stunde können Sie diese ja einmal überprüfen.

Wenn ein Mensch geboren wird, hat er von der Gesellschaft, deren Teil er sein Leben lang sein wird, keine Idee. Er weiß nichts über ihre Moral, nichts über ihre Werte, ihre Urteile. Er weiß nicht, was sie als gut und was sie als böse empfindet, und auch nicht, was als erwünscht und was als unerwünscht. Und er weiß nicht, was sein darf und was nicht. Ließe man so eine Person gewähren, sie wäre zwar frei, aber sie wäre für alle anderen unberechenbar. Sie würde Dinge tun, weil sie diese für notwendig, aber nicht weil sie diese für erwünscht hält.

Jedem »Neuen« wird daher ein Platz in einer Gesellschaft zugeteilt, und er wird wie ein zukünftiger Mitarbeiter mit dem Unternehmensleitbild vertraut gemacht. Solange der Neuzugang noch keine Einschulung erhalten hat, kann er jeder Abteilung zugewiesen werden.

Würden Sie zum Beispiel in einen kriminellen Clan hineingeboren, Sie hätten zum Töten sicher einen anderen Zugang als der Spross einer Pfarrersfamilie. Als Ersterer würden Sie allerdings auch die Chancen, selbst von einem anderen getötet zu werden, um einiges realistischer einschätzen. Denn nur weil Sie selbst etwas nicht tun würden, bedeutet das nicht, dass es auch andere nicht tun. Abgesehen von den moralischen Vorstellungen, werden auch Assoziationen, geprägt, die dann ein Leben lang gültig sind. Interessant ist

hierbei, dass diese Verknüpfungen nicht vorrangig von persönlichen Erfahrungen, sondern von übernommenen Meinungen abhängig sind.
Polizisten, so werden Sie mir wohl recht geben, sind rechtschaffene Menschen. Schließlich sind sie die Vertreter des Staates und garantieren Recht und Ordnung. Sie begegnen also einem Polizeibeamten, obwohl Sie diesen gar nicht kennen, mit einem gewissen Respekt. (Wenn sich Ihre Familie nun aber mit dem organisierten Verbrechen beschäftigte: Wie würden Sie dem gleichen Beamten dann begegnen? Sie kennen ihn trotzdem nicht.)

»Fordere viel von dir selbst, und erwarte wenig von anderen. So bleibt dir mancher Ärger erspart«, meint Konfuzius.

Wenn Sie jetzt auf der Straße sehen, dass ein Polizist oder eben jemand, der eine Polizeiuniform trägt, jemanden anderen attackiert, werden Sie wohl, ohne lange zu überlegen, davon ausgehen, dass der Uniformierte recht hat. Warum sollte ein Beamter der Polizei auf jemanden anderen losgehen? Ja, warum denn nicht? Dass jemand, für den es ein Lebensprinzip ist, anderen zu helfen, in den Polizeidienst geht, ist durchaus wahrscheinlich. Der Umkehrschluss, dass jeder, der Polizist wird, auch dieses Lebensprinzip hat, ist leider unzulässig.
Das Prinzip des Sich-lösen-Könnens lehrt uns, dass der Gegner auch dort angreift, wo er es unserer Meinung nach gar nicht kann oder darf. Wer sich nicht von vorgefertigten Meinungen lösen kann, ist im Kampf wie eine Statue, die nur in eine Richtung blickt. Als Kinder hatten wir ein Spiel, das hieß »Klingelpartie«. Eigentlich war es ja mehr eine

Mutprobe. Die Aufgabe bestand darin, im Vorbeigehen eine oder gleich mehrere Türglocken zu betätigen und dann schnellstmöglich wegzulaufen. Von zornigen Hausparteien erwischt zu werden konnte unangenehme Folgen haben. Damals war der Gegner klar. Drei Kinder, die schnell laufen, sonst konnte das niemand gewesen sein.
Heute sieht das schon etwas anders aus. Die Klingler sind nicht mehr zu erwischen. Schließlich sind sie dreißig Jahre älter geworden. Nein, nicht weil sie viel schneller laufen. Sondern weil sie es gar nicht gewesen sein können. Als Erwachsener betätigt man einfach die Klingeltaste und geht dann seelenruhig weiter. Sofort geht im ersten Stock ein Fenster auf. »Haben Sie das gesehen? Diese ungezogenen XY-Kinder! Läuten einfach an und rennen dann weg!« Natürlich waren es Kinder. Wieso sollten Erwachsene so etwas auch tun?
Ja, wieso denn nicht? Weil sie hoffentlich eine Erziehung erhalten haben, die Kindern einfach noch fehlt? Oder weil sie selbst als Kind gelernt haben, dass Erwachsene unfehlbar sind und nur das Wahre und das Gute tun?

Erwarten Sie das Unerwartete

Stellen Sie sich vor, Sie wären Drogenfahnder. Kämen an Ihnen ein Jugendlicher mit langen, ungewaschenen Haaren, zerrissenen Jeans, nach Rauch und Alkohol stinkend vorbei und dahinter ein Geschäftsmann im Maßanzug, perfekter Frisur, glänzenden Schuhen, der nach teurem Aftershave riecht, wen würden Sie kontrollieren?
Ich fürchte, den Jugendlichen. Pech nur, wenn die beiden zusammengehören und genau das provozieren wollten.

Die Drogen transportiert der Businessman. Die »Warum nicht?«-Frage dürfen Sie sich jetzt selbst stellen. In all den angeführten Beispielen waren die Gegner stärker, weil sie die Waffe des Sich-Lösens eingesetzt und darauf vertraut haben, dass Sie genau diese nicht besitzen.
Wie unreflektiert wir manches von unseren Vorbildern übernehmen, zeigt auch die Idee, dass ein »Indianer keinen Schmerz kennt«.
Ein richtiger Erwachsener ist tapfer, stark und weint nicht. Viele lernen bereits als Kinder, Gefühle zu unterdrücken, und finden das natürlich auch später richtig. »Du kannst doch da nicht vor allen weinen! Komm, ich geb dir ein Taschentuch. Ist doch schon wieder gut.«
Vielleicht sollten wir das einmal umkehren. Lassen wir unserer Traurigkeit freien Lauf, verbergen wir aber total unsere Freude. Wenn etwas eintritt, auf das wir seit Jahren gewartet haben, wenn wir ein ganz tolles Geschenk bekommen, nehmen wir es ohne irgendeine Gefühlsregung entgegen.

Eine unendliche Geschichte

Das wirklich Perfide am Prinzip der Erziehung ist, dass sich unsere Gegner darauf verlassen können, dass sie unverändert immer weitergegeben wird.
Selbst wenn uns manches im Laufe unseres Lebens ganz offensichtlich im Weg ist, wenn wir auch fühlen, dass es ganz einfach falsch ist, wir geben es genauso an die nächste Generation weiter. Nicht unbedingt, weil wir es so toll finden. Aber wir können uns nicht von dem Gedanken lösen, dass jene, die es uns gesagt haben, einfach nicht irren können.

Außerdem hat es uns ja auch nicht geschadet, oder? Eine weitere oft hinderliche Programmierung ist der Glaube, bestimmten Menschen oder Institutionen vertrauen zu müssen. Natürlich könnten sie es mit uns gut meinen, vielleicht tun sie es sogar, aber müssen sie es deshalb?

Schreiben Sie bitte fünf Sachen in Ihr Heft, die Sie als falsch erkannt haben und der nächsten Generation nicht weitergeben möchten.

In Japan geht dieser Irrglaube so weit, dass es als extrem unhöflich gilt, Retourgelder zu kontrollieren. Wieder einmal ist Lösen-Können angesagt. »Vertrauen ist gut«, hat Lenin gesagt, »Kontrolle ist besser.«

Versuchen Sie, allen Gegnern gleich zu begegnen. Nicht mit besonderem Misstrauen, aber auch nicht mit ungerechtfertigtem Vertrauen. Der Anbieter einer Dienstleistung, der seine Preistabelle mit vielen extra kleingedruckten Fußnoten versieht, in denen sich die Bedingungen für die Bedingungen verstecken, möchte eines definitiv nicht: sie über die wahren Kosten informieren.

Wäre seine Absicht eine ehrliche, er müsste nur schreiben: »Meine Dienstleistung kostet soundsoviel.« Auch wenn Sie hier oder dort etwas »gratis« oder »geschenkt!« bekommen, wissen Sie, dass Sie selbstverständlich für diese Sache vorher bezahlt haben.

Warum sollte Ihnen jemand etwas schenken? Notieren Sie bitte, warum Sie einen Anbieter, der Ihnen angeblich ein Geschenk macht, bevorzugen würden.

Wer unbewusst Dingen verhaftet ist, wird zum leicht manipulierbaren Gegner. Interessanterweise nimmt nämlich die Distanz im Denken mit der persönlichen Distanz zum Angreifer ab. In der Politik und bei großen Konzernen, das akzeptiert jeder, ist nicht immer alles, wie es sein sollte. Da vergreift sich der Staat oder das Unternehmen das eine oder andere Mal an fremden Geldern. Aber ein einzelner Beamter oder Angestellter, der würde das doch nie machen. Wer war es aber dann?

Auch positive Vorurteile trüben den Blick

Vertrauen zu müssen ist für viele eine Art Lebenspflicht geworden. Angenommen, ich möchte bei Ihnen eine Leistung beziehen, diese aber nicht bezahlen. Sie riechen den Braten und verlangen von mir eine Anzahlung. Ein energisches »Was, Sie vertrauen mir nicht?«, und die Anzahlungsidee ist auch schon wieder vom Tisch. Warum glauben Sie eigentlich, mir vertrauen zu müssen?
Eine der wichtigsten Ideen, von denen sich ein guter Kämpfer lösen können muss, ist der Drang, alles zu bewerten. Es gibt billige Dinge und teure, wichtige und unwichtige, gute und böse. Ein vermeintlich guter Mensch kann böse Seiten an sich haben und ein vermeintlich böser gute. Erinnern Sie sich an das Prinzip von Yin und Yang?
Ich erinnere mich noch gut an einen Freund meiner Kindheit, der seine teure Kamera immer einfach so in der Hand getragen hat. Ohne Tragegurt. Ich selbst war dazu unfähig, voller Angst, das wertvolle Ding könnte auf den Boden fallen. Als ich ihm meine Bedenken mitteilte, kam ein sehr überzeugender Rat: »Stell dir vor, du hast statt der Kamera

einen Stein in der Hand. Ein Stein fällt dir ja auch nicht runter, oder? Vergiss einfach, wie teuer dieses Ding hier ist, dann vergisst du auch deine Angst, es fallen zu lassen!«

Eine wichtige Eigenschaft eines guten Kämpfers ist, zu verstehen, dass alles, was jemand tut, einen Grund hat. Keinen guten Grund und keinen bösen, aber einen Grund.

Die Kampfkunst des Shaolin Kung-Fu ist in den letzten 1500 Jahren so perfektioniert worden, dass sogar die Haltung des kleinen Fingers eine Bedeutung hat. Der Gegner weicht nicht zurück, weil er feig ist und sich fürchtet, sondern weil es ein Teil seiner Technik ist. Auch wenn Sie Ersteres so gerne sehen würden. Jeder noch so kleine Schritt, jede Bewegung, die jemand tut, hat ihre Begründung und ihren Zweck.

Auch ein Geschäftsmann, der Ihnen etwas billiger gibt oder gar etwas schenkt, tut das nicht, um Ihnen eine Freude zu machen. Treten Sie einen Schritt zurück, und lösen Sie sich von genau dieser Vorstellung. Auch wenn es anfänglich vielleicht schwierig scheint. Sie werden mit Erstaunen plötzlich die wahren Absichten erkennen.

Sich lösen zu können bedeutet auch, die Fähigkeit zu erlangen, sich auf das Wesentliche zu konzentrieren. »Die Weisheit des Lebens besteht im Ausschalten der unwesentlichen Dinge«, sagt man in China. Und das sind in erster Linie jene Dinge, die wir ohnehin nicht ändern können. »Indem man loslässt«, hat Laotse gesagt, »geschieht alles wie von selbst. Die Welt wird gemeistert von jenen, die loslassen.« Das Shaolin-Prinzip lehrt uns, genau dieses Loslassen auch zu leben.

VORURTEILE ABSCHÜTTELN

Auch wenn die meisten das Gegenteil glauben: Jeder von uns hat Vorurteile, die ihn in vielen Situationen schwächen. Nachstehende Fragen sollen Ihnen helfen, diese zu erkennen und sich von ihnen zu lösen.

Von welchen in der Kindheit übernommenen Ansichten möchten Sie sich lösen?

....

Was hätten Sie anstelle Ihrer Eltern bei Ihrer Erziehung anders gemacht?

....

Wem würden Sie im Ernstfall eher vertrauen: einem Richter oder einem Drogendealer?

....

Warum?

....

Wo sollten Sie sich lösen lernen?

....

Der Geist ist alles.
Was du denkst, das bist du.
(Buddha)

12. Das Prinzip des Sich-selbst-Erkennens

Wer andere besiegen will, muss sich erst selbst besiegen;
wer andere richten will, muss sich erst selbst richten;
wer andere kennen will, muss sich erst selbst kennen.
(Lü Bu We)

Lerne, dass alles, was du bist und was du wirst, nur in dir selbst liegt

»Alle«, so hat der große italienische Staatsmann Niccolò Machiavelli einmal geschrieben, »sehen in dir den, als der du erscheinst. Wenige sind es, die dich als den fühlen, der du bist.«

Die meisten Menschen haben eine recht genaue Vorstellung davon, wie ihre Mitmenschen sie sehen sollen: groß, stark, geschickt, großzügig, gerecht, gutaussehend, sprachgewandt und von allen geliebt. Egal, wie sie wirklich sind, tun sie alles, um diesem Bild nachzukommen.

Selten jedoch entspricht diese nach außen getragene Erscheinung dem Wesen der dahinterstehenden Person. Jeder will irgendwie sein, nur nicht so, wie er oder sie eben ist. Dazu kommen noch die Erwartungen der Personen, die uns umgeben. Auch diese haben eine Idee davon, wie wir eigentlich sein müssten. Was in diese gewünschte Richtung geht, wird gefördert, was ihr widerspricht, wird ignoriert. Ist der Vater Handwerker, so wird er auch in seinem Kind

genau diese Begabung entdecken. Ein Akademiker wird wiederum mehr den vermeintlichen Forschungsdrang fördern. Auch wenn die tatsächlichen Fähigkeiten der Kinder genau die entgegengesetzten sind.
So entstehen schon in einem jungen Menschen zwei Persönlichkeiten. Jene, die er tatsächlich ist, und jene, die er glaubt, sein zu müssen. Natürlich hat die selbst geschaffene Person sehr viele Stärken und kaum Schwächen. Dem steht jene Persönlichkeit gegenüber, die von den anderen geprägt wurde. In den meisten Fällen geht das in die Gegenrichtung. Selten haben Mitmenschen Interesse an einem starken Gegner: »Überschätze dich mal nicht« oder »Schuster, bleib bei deinen Leisten« stutzen sie zurück.

Die Selbsteinschätzung als Handicap

Der Mensch beginnt sich in frühem Alter selbst zu skalieren.
Das heißt, jeder legt für sich selbst fest, bis wohin er es in seinem Leben bringen kann und wo die Grenze ist. Weiter kommt er dann auch nicht. Besagte Grenze entsteht aber nicht durch mangelnde Fähigkeiten. Sie ist das Ergebnis einer Blockade im Kopf. Denn andere Personen haben nicht Ihre Erziehung gehabt und daher einen ganz anderen Blick auf Ihre Person.
Was das Erkennen von Fähigkeiten mit der Erziehung zu tun hat? Ich selbst bin mit zwei Worten groß geworden, die ich lange nicht abschütteln konnte: »Eigenlob stinkt.« Niemand, so weiß ich heute, hat irgendein Interesse daran, dass sich andere Menschen ihres eigenen Könnens bewusst werden.

Angenommen, Ihre Sekretärin oder wer immer für Sie das Telefon abhebt, wenn Sie es nicht selbst tun können, teilt Ihnen mit, der Inhaber eines der größten Unternehmen der Welt persönlich habe angerufen, um mit Ihnen zu sprechen. Er erwarte Ihren Rückruf.
Was denken Sie? Und was tun Sie? Schreiben Sie beides in Ihr Heft.
Ein Großteil der Menschen, so schätze ich, ruft nicht zurück. »Warum soll so jemand ausgerechnet mich anrufen? Der kennt mich ja gar nicht. Und vor allem: Es gibt hunderttausend Leute, die das viel besser können als ich. Da mache ich mich ja höchstens lächerlich!«
Was wäre die Antwort nach dem Shaolin-Prinzip? Rufen Sie einfach mal zurück, und schauen Sie, was der Herr zu sagen hat. Ohne den Wunsch nach einem Millionenauftrag, aber auch ohne irgendeinen Stress. Warum sollte er Sie nämlich nicht angerufen haben?
Schreiben Sie auch das auf. Höre ich gerade ein »Weil ich …?« Weil Sie was? Sie wissen ja noch gar nicht, was der Herr eigentlich wollte, oder? Vielleicht besitzen Sie einfach Fähigkeiten, die Sie selbst noch nie wahrgenommen haben.

Die Kenntnis der eigenen Fähigkeiten könnte die Menschen doch unabhängig machen von Lob und Tadel ihrer Gegner! »Du bist dann gut, wenn ich dir sage, dass du gut bist. Das kannst du doch selbst gar nicht einschätzen. Was willst du denn schon über dich wissen?«
Wie tief dieses Prinzip in den meisten verankert ist, lässt sich leicht zeigen. Ich wage zu behaupten, dass auch Sie mit einer negativen Beurteilung viel leichter umgehen können als mit Lob. Nehmen wir an, Sie zeigen mir ein Bild, das Sie im Rahmen eines Kurses selbst geschaffen haben. Da Sie mich für einen Experten halten, ist Ihnen meine Meinung sehr wichtig. Werfe ich auch nur einen kurzen Blick auf das

Gemälde und habe dann sofort etwas auszusetzen, werden Sie wohl ohne weitere Nachfrage wieder gehen. Auch wenn Ihnen selbst das Bild sehr gut gefällt, werden Sie umgehend an der Ausmerzung der vermeintlichen Fehler arbeiten. Dass Sie nicht an meine Leistung herankommen, war Ihnen ja ohnehin klar, und wenigstens wäre ich ehrlich.
Was aber, wenn ich nach einem ebenso kurzen Blick das genau gleiche Bild lobe? Ihnen sage, dass ich es wunderschön finde, Ihnen so etwas nie zugetraut hätte und überhaupt selbst nie auf diese Idee gekommen wäre? Sie beginnen sich sofort zu überlegen, was wohl hinter meinem Lob für eine Absicht steckt. Sicher, Sie haben für den Kurs bezahlt, und als Kunde würde ich Sie wohl kaum kritisieren.

Keine falsche Bescheidenheit

Immer wieder stelle ich auch mit Erstaunen fest, dass Leute, die man nach ihren Fehlern fragt, gleich eine ganze Reihe von Antworten geben können. Auf die Frage nach dem, was sie besonders gut können, ist meistens betretenes Schweigen die Antwort.
In den vorigen Kapiteln habe ich immer wieder versucht, Ihnen zu zeigen, wie sich Ihre Gegner, ohne dass Sie es bemerken, über Sie stellen. Das ist möglich, weil sich die meisten Menschen immer relativ zu den anderen messen und nicht absolut zu sich selbst. Entweder ich kann etwas, oder ich kann es nicht. Da ändert sich nichts daran, wenn es jemand anderer angeblich besser kann. Ich muss mir aber selbst meiner Fähigkeiten bewusst sein.

WESSEN URTEIL ZÄHLT?

Stellen Sie sich vor, Sie treten zu einer praktischen Prüfung an. Sie sind auf Ihrem Gebiet wirklich gut, haben sich auch gut vorbereitet, und es gibt nichts, was Sie überraschen könnte.

Nun trete ich als Prüfer auf den Plan. Man stellt mich Ihnen als den ganz großen Meister vor. Natürlich täusche ich schon mit meinem Auftreten darüber hinweg, dass ich keinen Schimmer von Ihrer Tätigkeit habe.
Sie beginnen zu arbeiten. Ich stelle mich neben Sie, schaue demonstrativ zu, beobachte Sie ganz offensichtlich. Bei einer Bewegung, die Sie besonders sicher und selbstverständlich ausführen, beginne ich die Stirn zu runzeln und fragend zu schauen. Es folgt ein leichtes Kopfschütteln, ein wissendes Lächeln und dann die »Ist schon gut. Machen Sie nur weiter, lassen Sie sich nicht stören!«-Handbewegung.
Obwohl Sie diesen Handgriff Tausende Male genau so gemacht haben, sind Sie irritiert. »Er schaut so. Und er kennt sich aus. Habe ich da irgendwas falsch gemacht?«

- Jetzt die Frage: Sie sind gut und wissen das auch. Warum macht Sie mein Verhalten trotzdem unsicher? Schreiben Sie das in Ihr Heft.

Zurück noch einmal zur Prüfung. Ich werde diesmal als jemand vorgestellt, der Ihren Beruf kennenlernen und daher gerne einmal bei einer Prüfung zuschauen möchte. Ich verhalte mich genau wie vorher.
Notieren Sie, warum Ihre Reaktion jetzt eine andere ist. Ich stelle diese Frage deshalb so provokant, weil es ja eigentlich unlogisch ist.

Wenn Sie etwas können, dann können Sie es. Egal ob Ihre Mutter danebensteht, ein Prüfer oder der Präsident der Vereinigten Staaten. Ich meine jetzt nicht, dass in den letzten beiden Fällen nicht eine gewisse Anspannung aufkommen könnte. Aber warum sollten Sie plötzlich daran zweifeln, das Richtige zu tun? Ich will es Ihnen sagen: Weil Sie sich nie ganz deutlich bewusst gemacht haben, dass es richtig ist. Sie sind nicht kritisiert worden, also kann es nicht falsch sein. Aber ist es deswegen auch richtig? Wenn man Ihnen bis jetzt nicht gesagt hat, dass Sie schlecht sind, sind Sie deswegen gut?

- Wer eigentlich kann Ihnen sagen, dass Sie gut sind? Notieren Sie bitte die Namen von drei Personen, denen Sie diese schwierige Aufgabe zutrauen würden.

- Schreiben Sie auch dazu, was jede dieser Personen für einen Vorteil hätte, wäre sie nicht wirklich ehrlich zu Ihnen.

Sie können auf dieser Welt vor allem davonlaufen. Vor Ihren Feinden und Ihren Freunden, vor Lieblingsplätzen und verhassten Orten, vor Ihrer Arbeit und Ihren Hobbys. Nur einer Person können Sie nicht entkommen. Sich selbst. Wo immer Sie sich auch verstecken, welche List Sie sich auch ausdenken, Sie sind der Mensch, mit dem Sie immer leben werden müssen.

»Wer die Menschen kennt«, hat Laotse gesagt, »ist weise. Wer sich selbst kennt, ist erleuchtet.«.

Da zahlt es sich doch aus, einander näher kennenzulernen, oder? Zu wissen, was Sie voneinander erwarten können und was eher nicht.

Selbstbetrug lohnt sich nicht

Lassen wir einmal die Moral außer Acht, dann dürfen Sie jeden Menschen auf dieser Erde belügen. Außer sich selbst. Hier müssen Sie immer ehrlich sein, immer wissen, was möglich ist und was nicht geht.

Sich selbst darf man unter keinen Umständen etwas vormachen. Und auch die Märchen, die man den anderen über einen selbst erzählt, nicht glauben.

»Wenn du den Feind kennst und dich selbst«, heißt es in Sunzis Kunst des Krieges, »brauchst du den Ausgang von hundert Schlachten nicht zu fürchten. Wenn du dich selbst kennst, jedoch nicht den Feind, wirst du für jeden Sieg, den du erringst, eine Niederlage erleiden. Wenn du weder den Feind noch dich selbst kennst, wirst du in jeder Schlacht unterliegen.«

WER SIND SIE WIRKLICH?

- Nehmen Sie bitte wieder Ihr Heft. Lösen Sie sich von jeder Beurteilung, und finden Sie ohne viel Nachdenken zehn Eigenschaften, die Sie am besten beschreiben.
- Jetzt schreiben Sie darunter jene zehn Begriffe, mit denen Ihr bester Freund Sie charakterisieren würde.
- Und noch einmal darunter notieren Sie, wie Menschen, die zu Ihnen aufschauen, Sie sehen könnten.
- Vergleichen Sie jetzt die drei Listen. Was weicht wo ab? Warum?
- Gehen Sie noch einmal zur Liste mit Ihrer eigenen Einschätzung zurück. Betrachten Sie noch einmal jede Eigenschaft kritisch, ob diese auch wirklich so vorhanden ist. Sollten Sie erkennen, dass Sie nur gerne so wären, es aber tatsächlich gar nicht sind, finden Sie einen Ersatz. Übrig bleiben zehn Begriffe, die Ihre Persönlichkeit beschreiben.
- Wie falsch schätzen Ihre Mitmenschen Sie ein?
- Nun schreiben Sie bitte zu jeder dieser zehn Eigenschaften, wie diese Ihnen zum Vorteil und wie sie Ihnen zum Nachteil werden kann. Wo können Sie sie selbst als Waffe einsetzen, und wo könnte sie ein Gegner gegen Sie verwenden? Finden Sie jeweils drei Antworten.

Was ich Ihnen mit dieser Übung zeigen will, ist, dass es in Bezug auf einen selbst kein Gut und kein Schlecht gibt. Wo viel Licht, ist auch viel Schatten. Aber eben auch viel Licht.

Das Shaolin-Prinzip lehrt uns, dass niemand uns beurteilen und niemand uns erkennen kann, außer wir selbst. Nur was wir für hoch befinden, ist wirklich hoch, was wir als stark erkennen, ist auch stark, was wir als gut empfinden, ist gut. Wir sind das, zu dem wir uns selbst machen. Wir stehen dort, wo wir uns selbst hinstellen.

Mit Kritik richtig umgehen

Jede Waffe taugt nur so viel, wie sie auch richtig eingesetzt wird. Sich als reichster Mann der Welt zu erkennen zu geben kann durchaus Vorteile haben. Man muss nicht ans Geld denken, kann sich leisten, was man möchte, und alles haben, was man eben für Geld kaufen kann. Außer aber man steckt in einer Entführung, bei der Geld erpresst werden soll. Da wäre man schon lieber der Allerärmste.
Doch gleich, wie gut man in einer Sache ist, es wird immer jemanden geben, der etwas auszusetzen hat. So ist der Umgang mit Kritik eine wichtige Fähigkeit, die jeder, der in unserer Gesellschaft überleben möchte, lernen muss. Welchen Zweck Kritik hat, ist so allgemein nicht zu sagen. Dass sie eine Waffe sein kann, aber schon. Entscheidend ist allerdings einzig, was der Betroffene daraus macht. Man kann Kritik ablehnen, als Kränkung empfinden, sich rechtfertigen, kurzum, sie als etwas Böses sehen.
»Ich bin gut, und da interessiert mich nicht, was andere an dem, was ich tue, auszusetzen haben. Deshalb höre ich mir so etwas gar nicht erst an.«
Genau so vergeben Sie eine Chance, noch besser zu werden. Wüssten Sie nämlich wirklich, dass Sie gut sind, Sie würden die Äußerung des Kritikers als versteckten Hinweis

betrachten, wie Sie noch besser werden können. Sie würden die Energie des Angreifers in Ihre eigene verwandeln. Vergessen Sie nicht: Sie müssen nicht anderen gefallen, aber Sie müssen mit sich selbst leben. Wer aber nicht weiß, dass seine Grenzen in Wirklichkeit sehr hoch liegen, lässt sich gerne von anderen beeinflussen, wenn diese ihm das Gegenteil bestätigen.

Die Worte des Gegners beziehen ihre emotionale Macht aus der Tatsache, dass er Sie nicht so sieht, wie Sie es möchten.

Ich erinnere mich an einen großen Boxer, der nach langer Kampfpause noch einmal in den Ring steigen wollte, um sich für einen vor Jahren verlorenen Fight zu revanchieren. Alle hätten ihm abgeraten, Freunde, Verwandte, Trainer, erzählte er, nachdem die Revanche gelungen war. »Es war einfach mein Wunsch. Aber keiner hat an mich geglaubt. Ich dachte, wenn ich alleine im Ring stehe, wo sind sie dann alle? Da habe ich gewusst, ich tue es, und ich schaffe es. Und ich habe es geschafft.« Das Shaolin-Prinzip lehrt uns, zu erkennen, dass wir am Ende nur uns selbst verpflichtet sind. Nicht, was die anderen von uns halten, nur was wir uns selbst zutrauen, zählt. Niemand außer uns selbst kann die Verantwortung für unser Handeln übernehmen. Und niemand übernimmt am Ende die Verantwortung für unser Leben. Jeder von uns hat beliebig viele Wünsche frei. Es liegt nur an uns selbst, die Voraussetzungen zu schaffen, um diese zu erfüllen. »Glück«, so sagt man in China, »ist nicht das, was wir wollen, sondern das, was wir sind.« Oder, um es mit den Worten Siddhartas zu sagen: »Der Geist ist alles. Was du denkst, das bist du.«

EINE KLEINE SELBSTBETRACHTUNG

Gleichsam als Abschluss möchten die untenstehenden Fragen Ihnen dabei helfen, sich Ihrer selbst und Ihrer Besonderheit als Mensch bewusst zu werden.

Ergänzen Sie die folgenden Sätze: Ich kann ..., ich meine ..., ich glaube ..., ich fürchte ..., ich hoffe ...

....

Was ist das Höchste, das Sie im Leben erreichen können?

....

Wollte ich Sie in meinem Unternehmen in leitender Position beschäftigen: Für welche Stelle bewerben Sie sich?

....

Warum?

....

Was macht Sie als Person so besonders?

....

Was ist Ihre größte Stärke?

....

Werden Sie irgendwann berühmt werden?

....

Wo sehen Sie sich in fünf Jahren?

....

Epilog

An dieser Stelle findet unsere gemeinsame Reise nun ein Ende. Es war schön, Sie kennengelernt zu haben und Sie ein Stück Ihres Lebens begleiten zu dürfen. Sie haben jetzt vieles über die Menschen erfahren und auch vieles über sich selbst. Sie haben gelernt, zu stehen und zu kämpfen, und Sie werden lernen zu siegen.

Denken Sie daran, nicht das Ankommen, sondern die Reise selbst ist das Ziel. Leben Sie in der Gelassenheit und in der Achtsamkeit des Augenblicks, lernen Sie von Ihren Gegnern, und wissen Sie in jedem Moment, dass Macht etwas ist, das man nicht bekommt, sondern das man sich nimmt. Fühlen Sie die Überlegenheit eines Menschen, der seinen Wert kennt. Und wenn Sie die Absicht haben, sich zu erneuern, tun Sie es jeden Tag.

Ihr
Bernhard Moestl

Shaolin schöpft aus vielen Quellen

Buddha

Wann genau Siddhartha Gautama, der sich später »Buddha« nennen sollte, wirklich gelebt hat, ist nicht sicher geklärt. Die moderne Forschung geht davon aus, dass Gautama 450 v. Chr. im Ort Lumbini im heutigen Nepal geboren wurde.

Im Palast seines Vaters erlebte er eine behütete Kindheit, abgeschirmt von allem weltlichen Leid. Dies ging so weit, dass die Straßen von Alten, Kranken und Sterbenden gesäubert wurden, bevor der junge Siddhartha sein Zuhause verließ. Und doch sollte gerade die Begegnung mit einem Greis, einem Fieberkranken, einem verwesenden Leichnam und schließlich einem Mönch sein Leben für immer verändern. Im Alter von 29 Jahren wird ihm bewusst, dass Reichtum und Luxus keine Garanten für Glück sind. Er erkennt, dass Leid, also Altern, Krankheit, Tod und Schmerz, untrennbar mit dem Leben verbunden ist, und bricht auf, um die wahre Natur menschlichen Glücks zu finden. Er verlässt seine Frau, seinen einzigen Sohn und seine Heimat und wird Asket.

Sechs Jahre dauert seine Wanderung durch das Gangestal, sechs Jahre lang unterwirft er sich den strengsten Übungen berühmter religiöser Lehrer. Diese bringen ihn zwar an den Rand des Todes, aber nicht an das Ziel seiner Suche. Schließ-

lich gibt er die anderen Religionen auf und sucht seinen eigenen Weg, den er schließlich in der Meditation findet.
In seinem 35. Lebensjahr erreicht Siddhartha Gautama am Ufer des Neranjara-Flusses unter einer Pappelfeige schließlich die vollkommene Erleuchtung. Buddha, was so viel heißt wie »der Erwachte«, wird er sich von nun an nennen. Fünf seiner treuen Gefährten sind die Zeugen seiner ersten Rede, in welcher er ihnen die vier edlen Wahrheiten offenbart.

Die vier edlen Wahrheiten

Die erste edle Wahrheit, so hören die Mönche, ist die Wahrheit vom Leid. Das Leben im Daseinskreislauf ist leidvoll.
Die Ursache des Leidens, so die zweite Wahrheit, sind Begehren, Abneigung und Unwissenheit.
Erlöschen die Ursachen, erlischt das Leiden, sagt die dritte Wahrheit.
Den Weg zum Erlöschen des Begehrens und damit des Leidens kennt die vierte Wahrheit, auch bekannt als der Edle Achtfache Pfad.
Mit rechter Ansicht, rechter Gesinnung, rechter Rede, rechtem Handeln, rechtem Lebenserwerb, rechter Bemühung, rechter Achtsamkeit und rechter Konzentration erreicht man die Aufhebung des Leides.

Von jenem Tage an lehrte und sprach Buddha 45 Jahre lang vor Männern und Frauen aller Volksschichten, vor Königen und Bauern, Priestern und Ausgestoßenen, Geldverleihern und Bettlern, Heiligen und Räubern. Der Weg, den er lehrte, stand allen Männern und Frauen offen, wenn sie dazu bereit waren, ihn zu verstehen und zu gehen.

Im Alter von 80 Jahren verstarb Gautama der Legende nach an Ruhr, nachdem er ein verdorbenes Gericht verzehrt hatte. Sein Wissen und seine Wahrheiten vom Leben und vom Leid wurden zuerst von seinen Anhängern mündlich weitergegeben und erst etwa 300 Jahre nach seinem Tod aufgezeichnet. Heute zählt die Religion des Buddhismus etwa 400 Millionen Anhänger in allen Teilen der Welt.

Das Kloster Shaolin

Das Kloster Shaolin – auf Deutsch so viel wie »Tempel im jungen Wald« – liegt im Herzen Chinas in der Provinz Henan auf halbem Weg zwischen Beijing und Hongkong. Die Geschichte des Klosters geht auf das Jahr 495 zurück, als der Kaiser es für den indischen Mönch Ba Tuo erbauen ließ.

Nahkampf als Meditationsform

Um 527 erreichte ebenfalls aus Indien der Mönch Bodhidharma den Ort, erlangte nach neun Jahren ununterbrochenen Sitzens in einer Höhle die Erleuchtung und lehrte die Mönche die Meditation.
Der Zen-Buddhismus, der Weg zum plötzlichen Erwachen, war geboren. Als Bodhidharma, der selbst eine rudimentäre Ausbildung im Nahkampf hatte, sah, dass die Mönche durch das manchmal tagelange Meditieren im Sitzen dick und ungeschickt wurden, entwickelte er die »Meditation durch Bewegung«. Das tolerante Kloster wurde zu einem Treffpunkt für Nahkampfexperten aus dem ganzen Reich, und im Laufe der Jahre erreichte der Kampf ohne Waffen, das Shaolin Kempo, eine nie gekannte Perfektion.

Die Armee der Mönche

Im Jahr 728 entsandte das Kloster auf Bitte eines Tang-Herrschers 13 Mönche, um die von Rebellen bedrohte Dynastie zu unterstützen. Die Aufständischen wurden mittels der Kampfmönche niedergeworfen, und das Kloster erhielt das Privileg, eine eigene Armee zu unterhalten. Seine Blütezeit hatten das Kloster und seine Kampfkunst von 1368 bis 1644. Die regierende Ming-Dynastie förderte die Mönche, und die klösterliche Armee erreichte eine Stärke von 2500 Mann. Filialklöster entstanden in China, Korea, Japan und anderen benachbarten Staaten.
Im Laufe seiner Existenz wurde das Kloster einige Male zerstört, geplündert und wieder aufgebaut. Beim großen Brand im Jahr 1928 fiel nicht nur ein großer Teil des Tempels, sondern auch die legendäre Bibliothek den Flammen zum Opfer.

Niedergang und Wiederaufschwung

Nach Gründung der Volksrepublik China durch Mao Zedong 1949 ließ man die Mönche anfangs gewähren, im Zuge der Kulturrevolution ab 1966 wurde der Tempel aber zerstört, die Mönche verfolgt und vertrieben. Die Ruinen des Klosters waren jahrelang nur von wenigen Mönchen bewohnt. Erst 1982 wurde der Tempel durch den Film »Shaolin Temple« auch im Westen bekannt und damit auch für den Tourismus entdeckt.
Die chinesische Regierung ließ den Tempel wieder aufbauen und erlaubte – im Zuge einer allgemeinen Liberalisierung der Religionsausübung – auch wieder den buddhistischen Mönchen, dort legal zu praktizieren.

Taijiquan

Das Taijiquan, auch chinesisches Schattenboxen genannt, ist eine ursprünglich im Kaiserreich China entwickelte Form der Kampfkunst.
Heute ist Taijiquan in zumeist stark vereinfachter Form ein Volkssport. In den Morgenstunden sieht man in den Parks der Städte Tausende Menschen beim Üben.

Fließende Bewegungen

Das Wesen des Taijiquan ist die so genannte Form. Hierbei handelt es sich um einen klar umschriebenen Bewegungsablauf von aufeinanderfolgenden, fließenden Bewegungen. Jede Form setzt sich aus mehreren Einzelbewegungen zusammen, die auch Bilder genannt werden. Hierdurch wird dem Lernenden das Merken der Bewegungen erleichtert. Die Bilder tragen Namen wie »Das Nashorn dreht seinen Körper und beachtet den Mond«, »Den Mond in der Brust umarmen« oder »Das wilde Pferd springt über den Gebirgsbach«.
Viele Formen werden nach der Anzahl der Bilder benannt, so zum Beispiel die 24-Bilder-Form oder die 37-Bilder-Form nach Zheng Manqing. Die längsten Formen haben über 100 Bilder.
Die Ausführung einer Form dauert von wenigen Minuten bis zu eineinhalb Stunden, je nach Anzahl der Bilder und Geschwindigkeit der Ausführung. Taijiquan-Formen werden meist langsam und ruhig ausgeführt. Charakteristisch ist das Aufeinanderfolgen von langsamen, weichen und schnellen, ruckartigen Bewegungen.

Konfuzius

Geboren wurde Meister Kong Fu Zi, den die Jesuiten später Konfuzius nannten, 551 v. Chr. als Mitglied eines alten Adelsgeschlechtes im Staat Lu. Gesichert ist, dass er bereits mit drei Jahren seinen Vater verlor und von seiner Mutter erzogen wurde.

Schüler schrieben sein Wissen nieder

Obwohl er in armen Verhältnissen aufwächst, erlernt er die »sechs Künste«: Bogenschießen, Wagenlenken, Schreiben, Rechnen, Tanz und Musik. Mit 19 heiratet er und wird kurz darauf Vater. Seinen Lebensunterhalt verdient er zuerst als Aufseher in öffentlichen Getreidespeichern, später beginnt er auch zu unterrichten. 516 v. Chr. wird Konfuzius verbannt, nach seiner Rückkehr nach Lu wird er zuerst Verwaltungsbeamter und schließlich Minister. Geprägt von einer konsequenten Auffassung von Tugend und Moral, die er auch politisch durchsetzen will, macht er sich bei den Herrschenden schließlich unbeliebt und verliert seine Ämter.
Bis zu seinem Tod im Jahr 479 widmet er sich ausschließlich dem Schreiben. Da er selbst nichts von seinen Lehren aufgeschrieben hatte, sind sie nur im »Buch der Gespräche«, welches seine Schüler verfasst haben, überliefert.

Laotse

Viel ist über Laotse, dessen Name auf Deutsch so viel bedeutet wie »Alter Meister«, nicht bekannt. Geboren wurde der Begründer das Daoismus wahrscheinlich um 600 v. Chr.

Der Überlieferung zufolge war er Archivar in Lo-yang, der Hauptstadt der Chou-Dynastie. Als er das Chaos und den Verfall des Reiches vorhersah, verließ er das Land. Auf seinem Weg durch das heutige China soll er von einem Mann names Yin Xi aufgefordert worden sein, sein Wissen mitzuteilen. Er schrieb seine Lehren in einer Sammlung nieder, die heute als das Tao Te King bekannt ist.
Der Legende nach verschwand Laotse, dem nachgesagt wird, ein Alter von 200 Jahren erreicht zu haben, nach dieser Niederschrift im Westen. Historiker sind sich allerdings bis heute aufgrund der sehr dürftigen Quellenlage nicht sicher, ob Laotse überhaupt je gelebt hat.

Sunzi

Über das Leben von Sunzi, der um 530 v. Chr. im Reich Qi geboren wurde, ist nur wenig bekannt. Berühmt wurde der Spross einer adeligen Familie durch sein Traktat über die Kriegskunst, das er für König Helü vom Staate Wu verfasste.
Eines Tages lud ihn der Herrscher ein, sein Werk mit ihm zu diskutieren, und stellte ihn hierbei auch gleich auf die Probe. Er befahl ihm, aus seinen 180 Hofdamen Kriegerinnen zu machen. Sunzi teilte die Frauen in zwei Abteilungen auf und ernannte die beiden Lieblingskonkubinen des Fürsten zu Gruppenführerinnen. Als er dann den Gruppen befahl zu exerzieren, begannen die Mädchen zu lachen. Als auch ein zweiter Befehl daran nichts änderte, ließ er die Anführerinnen enthaupten. Darauf folgten die Hofdamen seinen Kommandos.

Der Fürst, der Sunzis Fähigkeiten erkannte, ernannte ihn zum Heerführer seiner Truppen. Sunzi starb um das Jahr 450. Genaueres ist über sein Ende nicht überliefert.

Miyamoto Musashi

Miyamoto Musashi wurde 1584 als Sohn eines Land-Samurai im Dorf Miyamoto in Japan geboren. Schon mit 13 Jahren soll er seinen ersten Gegner, einen im Kampf mit Schwert und Speer geübten Samurai, erschlagen haben. Der junge Musashi warf den Mann zu Boden und schmetterte ihm anschließend einen Stock auf den Kopf.

Mit 16 Jahren begab sich der junge Musashi auf eine Reise, die ihn quer durch das alte Japan führen sollte. Nachdem er an sechs Kriegen teilgenommen und 60 Duelle für sich entschieden hatte, galt Musashi mit Ende zwanzig als unbesiegbar.

Der Samurai legte das Schwert beiseite und begann sich auf den inneren Weg der Schwertkunst zu konzentrieren. Er lernte von den Samurai und Ronin, die in sein Dorf kamen, und studierte viele Zweikämpfe. Schließlich begründete er seinen eigenen Kampfstil, den Niten Ichiryu. Später betätigte sich Musashi auch als Künstler und Handwerker. Er bemalte Wandschirme, war ein Meister der Schreibkunst und stellte Metallarbeiten her.

Gegen Ende seines Lebens zog sich Musashi in eine Höhle zurück, um dort das Gorin no Sho, das »Buch der fünf Ringe«, zu schreiben. Am 13. Juni 1645, wenige Wochen nachdem er es seinem Schüler Terao Magonojo übergeben hatte, endete Musashis Leben.

Literaturverzeichnis

Andy James: *Geheimnis Shaolin. Das spirituelle Vermächtnis der Kampfmönche,* Lotos 2005

Christopher A. Weidner: *Wabi Sabi. Nicht perfekt und trotzdem glücklich,* Droemer Knaur 2006

Gabriele Gener: *Zen für die Achtsamkeit. Ein Schritt, ein Weg, eine Reise,* Ars Edition 2005

Laotse: Tao Te King. *Das Heilige Buch vom Tao,* Schirmer 2005

Miyamoto Musashi: *Das Buch der fünf Ringe. Die klassische Anleitung für strategisches Handeln,* Piper 2006

Niccolò Machiavelli: *Der Fürst,* Insel Verlag 2001

Steve DeMasco: *Der Weg des Shaolin. Überlebens-Geheimnisse eines Shaolin-Großmeisters,* Goldmann/Arkana 2006

Sun Tsu: *Sunzi – Die Kunst des Krieges,* Droemer Knaur 2001

Volker Zotz: *Buddha. Mit Selbstzeugnissen und Bilddokumenten,* Rowohlt Tb. 2005

Wem ich danke sagen möchte

Wenn auch meist auf dem Cover nur der Name des eigentlichen Autors zu lesen ist, stehen hinter einem Buch immer viele Menschen, ohne die ein solches Projekt gar nicht möglich wäre.
Menschen wie Jian Wang, der mir meine erste persönliche Begegnung mit den Mönchen des Shaolin ermöglicht hat, und Großmeister Shi de Cheng, der mir mit viel Geduld das Wesen des Shaolin Kung-Fu nähergebracht hat. Menschen wie Heidi Mischinger, Marianne Mohatschek, Irene Nemeth, Albert Klebel und Rainald Edel, die nicht nur in unzähligen Gesprächen meine Ideen reflektiert, sondern auch immer wieder mein Manuskript gegengelesen haben. Menschen wie meine Großmutter Erika Möstl, die mich so viel wirklich Wichtiges gelehrt hat in diesem Leben, wie Gerhard Conzelmann und Karl Däullary, die meine Idee den richtigen Personen im Droemer Knaur Verlag vorgestellt haben. Und Menschen schließlich wie Bettina Huber, Marion Ónodi und Veronika Preisler vom Verlag, für die liebevolle Betreuung und wunderschöne Gestaltung dieses Buches. All diesen Menschen möchte ich an dieser Stelle ein ganz herzliches Danke sagen.

Register

Bibliografische Information der Deutschen Nationalbibliothek
Die Deutsche Nationalbibliothek verzeichnet diese Publikation in der Deutschen Nationalbibliografie; detaillierte bibliografische Daten sind im Internet über http://dnb.d-nb.de abrufbar.

Wichtiger Hinweis
Die im Buch veröffentlichten Ratschläge wurden von Verfasser und Verlag mit größter Sorgfalt erarbeitet und geprüft. Eine Garantie kann jedoch nicht übernommen werden. Ebenso ist eine Haftung des Verfassers bzw. des Verlages und seiner Beauftragten für Personen-, Sach- oder Vermögensschäden ausgeschlossen.

Projektleitung: Bettina Huber
Redaktion: Dr. Marion Ónodi
Herstellung, Layout und Satz: Veronika Preisler
Umschlaggestaltung: griesbeckdesign, München
Druck und Bindung: CPI – Ebner & Spiegel, Ulm

Printed in Germany

ISBN 978-3-426-64566-6

10 9 8